别用情绪管孩子

赵雪凝 著

中国 友谊出版公司

图书在版编目（CIP）数据

别用情绪管孩子 / 赵雪凝著. -- 北京 ：中国友谊
出版公司，2024. 9. -- ISBN 978-7-5057-5906-0

Ⅰ. G780

中国国家版本馆CIP数据核字第2024JE3876号

书名	别用情绪管孩子
作者	赵雪凝
出版	中国友谊出版公司
发行	中国友谊出版公司
经销	北京时代华语国际传媒股份有限公司　010-83670231
印刷	唐山富达印务有限公司
规格	880 毫米 × 1230 毫米　32 开
	6.25 印张　95 千字
版次	2024 年 9 月第 1 版
印次	2024 年 9 月第 1 次印刷
书号	ISBN 978-7-5057-5906-0
定价	56.00 元
地址	北京市朝阳区西坝河南里 17 号楼
邮编	100028
电话	（010）64678009

目 录

第一部分　给孩子一颗能扛住事儿的大心脏

第二部分　别让你的爱成为孩子的枷锁

给孩子一颗能扛住事儿的大心脏

"小聪明"不是"真聪明"

都说"小树不修不成材"。这句话没错，但是当你面对一棵小树的时候，什么时候该出手，出手后又该怎么修，完全不能一概而论。有时候我们应该大刀阔斧，当断即断；有时候可能只需要给小树立一个引导其生长的杆，就能解决大多数问题。

周末，我陪女儿和她的好朋友们一起逛街。路过一家首饰店时，孩子们被店里的首饰吸引住了，特别想买。但是，她们身上只带了很少的钱，而店里的首饰价格都不菲，最便宜的也要50美元。于是，她们问我能否先帮她们垫付，之后再还给我。

我同意了她们的请求，但我也提出了一个问题："这么贵的东西，你们的爸妈同意你们买吗？"一号女孩在店里转了一圈后说："不行，太贵了，我妈妈只同意我买30美元以内的东西。"而二号和三号女孩则表示，她们可以用自己的零花钱买，父母不会过多干涉。

最终，一号女孩没有买，二号和三号女孩则各自挑选了一条心仪的项链。结账时，二号女孩把身上的现金都给了我，并表示剩下的钱会在星期一的时候给我女儿。三号女孩也说她会在星期一的时候把钱给我女儿。孩子们买得非常开心，然后一起到我家来玩。

晚上，妈妈们来接孩子的时候，三号女孩的妈妈多留了一会儿。我们一边喝酒一边聊天，她对我说："你人真好，特别感谢你今天带我女儿吃喝玩乐，还送给她一条项链。"我转头看了一眼旁边低着头的13岁女孩，对三号女孩的妈妈说："我特别喜欢你女儿，她大方、友好、善良、诚实，这样的孩子我愿意送她礼物，也欢迎她经常到我家来玩。"

　　澳大利亚知名家庭问题专家史蒂夫·比达尔夫曾提出这样的观点：孩子在大约12岁时，会出现第二婴儿期，孩子在这个阶段会重新经历婴幼儿期心理成长的各个阶段。也就是说，如果你用他们当下的年纪减去12岁，就能找到他们现在的行为是在弥补自己心里哪方面的缺失。比如这个撒谎的女孩，她今年13岁，我们用13-12=1，也就是说，想要解决这个女孩的问题，我们可以看看1岁的她到底需要什么。

　　读过有关儿童教育书的人都知道，1岁以内的孩子追求的是"上帝感"。什么叫上帝感？就是"你们都要听我的，我想要的都要得到"。如果这个孩子的上帝感在婴儿时期没有得到满足，之后她就会用尽各种办法去满足自己这一部分的需求，哪怕是撒谎。那她以后会不会道德沦丧，去偷、去抢，甚至做出更过分的事情呢？这完全取决于她在青春期，也就是第二次婴儿期的时候，她的上帝感是否被她周围的人发现并且满足。这也是一个人这一辈子最后的机会，青春期结束之后，这个人就定形了。

　　当我们遇到那些爱占便宜的小朋友或大朋友时，不要急于指责或批评他们。很多时候他们并不是真的缺少那点东西或那点钱，而是他们的内心深处非常渴望一种感觉，就是"我想要的都要得到"。作为父母或者朋友，我们应该尽量去理解他们，满足他们的合理需求，并引导他们正确面对自己的欲望和情绪。只有这样，我们才能帮助他们建立起健康、积极的心态和人格。

没有长久的陪伴，但有长久的目标

没有谁能永远陪伴谁，大多数人都只能陪伴
你走一段路。曾经因为某一个原因相聚的人，也
可能因为同一个原因分手。人来人往是常态，不
要在人来人往中忘记你的初衷。

女儿在舞蹈队曾经有一个特别要好的朋友，那时候女儿还在
初级班，而她的朋友已经进入了高级班，女儿对她充满了崇敬。
两三年过去了，女儿努力从初级升到中级，最终成功进入高级班，
和她成为队友。然而，令人意外的是，两个人却莫名其妙地渐行
渐远。

本来这也不算什么大事，人生中有合有分，合则聚不合则分，

这是很自然的事情。但是，上周我女儿跳独舞时，队里其他的小孩都留下来给她加油，只有那个曾经的好友，带着她的一小撮朋友躲在一个角落里给女儿喝倒彩。女儿在台上就发现了这个情况，下来后她感到非常难过，问我："妈妈，我觉得我没有做错任何事，她为什么要这样对我？"

我告诉她："固然朋友的离去令人神伤，但这并不是你该关注的。你还记得妈妈砍树的事情吗？前后院曾经是一片漂亮的树林，但那些树染上了虫害。妈妈问过专业人士，治疗一棵树每年要投入500美元左右，而前后院一共有140多棵这样的树，我治不起。所以，当左邻右舍还在研究是谁把虫害带进来的时候，妈妈果断地做出了一个让整个小区都震惊的决定——把前后院140多棵树全部砍掉，即使有一些在当时看起来非常健康。交朋友就跟妈妈整理院子一样，出一些问题是很正常的。但如果说这个问题不值得我们去解决，或者我们没有能力去掌控或修正它，那么就要像妈妈砍树一样果断放弃。不要去纠结为什么会这样，而要把精力放在如何避免更大的损失上。况且，只有狠心把这些有问题的'树'砍掉，我们才能在它们腾出来的地方种上更好、更健康的'树'。"

让孩子学会尊重人性

相信每位家长都被自己的孩子问过这个问题：这个人是好人还是坏人？成年人都知道，人并不是非黑即白的，在更多时候其实是处于灰色地带的。让孩子在向往善良和正义的同时明白有关人性的真相，也是我们每个家长的责任。

女儿对人性有着自己的理解：经常做好事的人就是好人，经常做坏事的人就是坏人。这种看法不无道理。然而，人性并非那么简单。

前段时间，她参加了一场比赛。赛后，高年级的两位大姐姐突然发生了争执。她们之前关系一直很好，但到了高中，因为都擅长跳舞，而资源有限，她们变成了竞争对手。有一次，选拔赛的时间临时改动，老师让其中一个孩子通知另一个，但她忘记了。结果，选拔赛那天，一个孩子出现了，而另一个却错失了机会。尽管忘记通知的孩子道了歉，但错失机会的孩子却始终耿耿于怀，导致了两人的争吵。当时有孩子认为错失机会的孩子是错的，因为她不够大度，没有选择原谅。

人性是复杂的，没有绝对的好与坏。当看到别人比自己优秀或拥有更多时，人们可能会感到焦虑和不安，尤其是当资源颇为有限的时候。

当发生利益冲突时，每个人都无法保证自己一定会做出公允正确的抉择。家长要让孩子知道我们在向往成为一个好人的同时，也要承认人性的复杂性，拥有保护自己的能力。

没人能伤害懂得自励的孩子

> 当你路过一个垃圾堆，你并不需要从垃圾堆
> 中带走什么。

有一次我去接女儿的时候，遇到了一位妈妈，于是就有了这样的一段对话。

她问我："哎，你女儿最近过得怎么样？"

我回答说："挺好啊！"

她听后说："哎哟，那还真不错。如果换成我女儿的话，这种情况可能会让她生一个礼拜的气呢。"

我感到有些困惑，就问她："有什么事吗？"

她马上和我说："哎呀，你还不知道吗？有一天，老师突然发疯似的当众批评你女儿。"

我急忙问："为什么呢？"

她回答说："哎呀，就是因为那条裙子嘛。"

我一听是裙子的问题，就问："这裙子不是人手一条，大家都一样吗？"

她点头说："对啊，孩子们都已经穿了一个月了，一直都没什么事。可是那一天，老师不知道为什么突然间发飙，就揪住了你家女儿说她违反校规穿了那条裙子。"

我听后非常生气，说："这不公平啊！那么多人穿同样的裙子，而且都穿了那么久了，凭什么就只说我女儿？而且还是当众点名批评！"

回家之后，我发现女儿还是一如既往地按部就班做她该做的事，好像什么都没有发生。我提出带她出去逛个街，趁她开心的时候问她："最近在学校有没有发生什么事呀？"

她回答说："啊，你已经知道了？是的，有那么一回事，但是我不觉得这是个大事儿。"

我问她："你不觉得老师是针对你吗？"

她回答说："我不觉得。"

老实说，女儿当时的反应让我很惊讶。然后她接着说："你还记得我上小学的时候，你给过我一张纸条吗？那是在有一次你莫名其妙地对我发脾气之后。"女儿说那张纸条对她特别有用，她也一直记着上面的内容。

我回想起那张纸条上写的话："很多大人，比如说像爸爸妈妈，也会睡不好觉、会发脾气。但是我们跟你不一样的地方是，我们会对你发脾气甚至骂你，是因为我们觉得和你相比，我们比你大、比你有权利。但这是非常错误的，对你也是非常不公平的。所以当这样的事情发生的时候，你不需要内疚自责，因为你没有做错任何事，你不需要对你眼前这个暴跳如雷的人负任何责任。"

女儿接着说："所以当这个老师从那么多穿同一条裙子的学生里揪住我的时候，我的第一反应是她今天的情绪一定是非常糟糕的。也许昨天跟她老公吵架了，也许刚刚被校长骂过。但这都不是我的错，我不过是刚巧从她糟糕的世界里路过。我不会被她影响，否则我也会有糟糕的一天。"

有时候，我觉得我教给孩子的东西，自己却没有做到。而女儿却能用我教给她的方法去应对生活中的挫折和困难。这也让我更加坚定了想要继续努力做女儿的好榜样的决心。

好朋友也会"变心"

我们都听过这样一句话：木秀于林，风必摧之。有时候你并不是因为做错了什么而被人欺负，而恰恰是因为你做得好而被人欺负。因为在某些人看来，你的优秀、你的光芒，深深地刺痛了他们的心。

朋友给我讲过这样一个故事。A女士在儿子上幼儿园的时候，开始了创业之路。然而，过去的一年对她来说充满了挑战和失望。让A女士感到疲惫和心寒的并不是产品或客户的问题，而是那些曾经与她共同怀孕、遛娃、接送孩子、度过瑜伽和健身时光的宝妈朋友们。A女士从心里认为，当她需要帮助时，这些宝妈朋友却选择了冷眼旁观。这件事虽然让她感到难过，但她还是能够接受这个现实。然而，后来事情却愈演愈烈，这些妈妈联合起来，不仅排挤她，还带动小区和幼儿园的其他孩子一起孤立她的儿子。面对这样的困境，A女士不知道该如何向孩子解释这一切。

于是，我的朋友给她看了自己家的后院，用石头划分的界线，一边是整齐的草坪，一边是未经整理的野树林。朋友解释说，当他搬进来时，后院全是野树。整个小区只有他和邻居两家的后院是那种未经整理的状态。为了改变那个状况，他立即着手整理后院。

然而，这个行为却引来了邻居的不满。邻居以未经通知为由，向相关部门投诉了他。虽然最终邻居的投诉没有成功，但朋友还是选择了买礼物去道歉。邻居在接受道歉时透露了真实的原因：朋友的行为让他感到了压力，因为他看到了自己后院的丑陋。本来他可以心安理得地拖延整理后院，但现在他不得不面对自己的无能和懒惰。

我们每个人都是生活在社会中的，生活在社会中就难免会有比较。"社会比较理论"提出，人们常常通过与他人比较来评价自己的能力和价值。在这个故事中，A女士通过创业取得了成功和进步，这使得那些宝妈朋友感到了压力和不安。她们选择排挤她和她的孩子，可能是为了维护自己的自尊心和优越感。

朋友建议她告诉孩子：周围的一切都是暂时的，无论是小区还是学校都只是人生中的一段经历。每段人生都会经历起起落落，但只要我们足够努力，这些起落终将被我们抛在身后。

让孩子拥有苦中作乐的能力

> 生活一定是苦的，但从苦里能寻到多少快
> 乐，这纯看个人的能耐。

有一支名叫"顶峰"（Summit）的舞蹈队，是舞蹈界的最高级
别队伍，加入其中是女儿一直以来的目标。8年前，我偶然看到了
这支队伍的公开表演，当时就被深深地震撼了：为什么每个孩子
都挥洒着自信跳得那么起劲儿，即便是最角落的那个？中场休息
时，我看到这些孩子拿出三明治，一边赶作业，一边吃晚餐。我
当时就想这是怎样的一支队伍，能如此自律、自信、坚持。如果
女儿能进这支队伍，哪怕是在最后一排，我都会觉得很骄傲。

　　8年过去了，女儿终于入选了这支队伍，她也是队里唯一的亚洲人。从骨骼和肌肉构成角度来看，亚洲人确实在力量和爆发力上没有太大的优势，所以这8年女儿所经历的挫败感会比一般的孩子多。很多次她跑出训练室，坐在车里号啕大哭："为什么我怎么努力也比不上人家！"很多次她气急败坏地把舞蹈鞋扔进了垃圾桶，事后又默默捡回来。

　　平心而论，女儿其实并不是最辛苦的那一个。队伍里的每一个孩子都比她努力，尤其是站在前排的那些孩子。他们每周都要训练40到50小时，也就是说每天都要训练7小时以上，而且是在放学后。所以每次比赛后，不仅孩子会哭，家长也会哭，眼泪背后总是有原因的。

　　我从不羡慕别人的孩子优秀，更不会嫉妒他们的成绩。因为我清楚地知道，能跟我的孩子产生竞争关系的，大家的起点都差不多。我们身边的优秀孩子，多是孩子和家长共同努力的结果。我也不会抱怨命运不公，因为那些含着金汤匙出生的人，与我们根本就不在同一个竞争层面上。我把女儿磨破的舞鞋用相框装裱起来，告诉她这些舞鞋比任何奖章都要珍贵。

　　讲到和得到之间还有两个字叫"做到"。热爱是所有的理由和答案。生活一定是苦的，但从苦里能寻到多少快乐，这纯看个人的能耐。

不抱怨是为了对得起自己

努力不是成功的充分条件，但是努力一定是
成功的必要条件。

我听过这样一个故事，感觉很有意思。马克考试没考好，又沮丧又生气。他回到家，把书包狠狠地一扔，大声说道："我再也不努力了，努力有什么用？"

马克的妈妈听了之后，微笑着走了过来。她轻轻拍了拍儿子的肩膀，说："你还记得有一年我们出去玩吗？我买了一瓶矿泉水，怎么拧也拧不开。我们这一伙人都不信邪，后来围成了一个圈，挨个儿拧这瓶水。当时大家都觉得你的力气真大，因为轮到你的时候，你一下子就拧开了。但现在想想，真的是因为你的力气大吗？其实不见得吧。在你之前，已经有七八个人拧过瓶盖了，瓶盖其实已经开始松动了，所以你稍微一用力就打开了。"

妈妈顿了顿，继续说道："这世间的好多事情就像那打不开的瓶盖一样，你已经努力了这么久，为什么要放弃呢？你不用对得起任何人，但你得对得起自己这么长时间的坚持。"

给孩子一颗能扛住事儿的大心脏

能扛住事儿，就是最大的才华横溢。

很多人赞叹那些似乎天生就拥有比常人更强大的心脏的孩子，他们总能在关键时刻顶住压力，展现出超乎常人的表现。但其实，大心脏并不是与生俱来的，而是可以通过后天的培养和训练获得的。

上周末，我亲眼见证了一个舞蹈团队如何在重大失误后迅速调整状态，最终赢得了比赛。比赛进行到复赛阶段，关键的两支舞蹈决定胜负。然而，在第一支舞蹈中，担任C位的孩子出现了重大失误，这导致周围的孩子也接连失误。

音乐声一落，台上一大半的孩子流了泪，我们这些台下家长的心真的是揪到了一起。两个小时以后，孩子们还有一个更重要的比赛，所以他们一出来，我们就拥抱安抚。好不容易这些孩子的情绪慢慢稳定了，这个时候教练把大家叫到一边，不知道说了什么，也就是二十几秒的时间，所有的孩子又哭成了一片。

有家长忍不住了，上去问："你跟孩子都说什么了？"教练说："我告诉他们成绩啊，我说你们失了3分，别说冠军了，前3名都悬。"有两个家长当场就指着教练骂："孩子们已经非常难过了，你为什么要在这个时候跟孩子讲成绩？这是你一个教练应该做的吗？"

说心里话，当时我心里也发蒙。自建队以来，我们从没有经历过这样的事情，我眼前的教练，他的专业技能当然是无可挑剔的，但是他心理层面的知识够吗？专业技能固然重要，但是和专业技能同等重要的，还有这支队伍的心理重建能力，而教练在这一部分应起到至关重要的作用。我也不知道该说什么，只能抱着哭泣的女儿在角落沉默。

20分钟之后，教练突然跑了过来，把这群萎靡不振的孩子又叫到了一边儿。你猜发生了什么？5分钟之后，孩子们向我们走来，气势上发生了翻天覆地的变化。用4个字来形容，简直就是"虎狼之师"！最后，孩子们拿了冠军。

后来我问女儿："你们跳舞时的表情怎么都那么可怕，像要吃人一样。"她说："我不知道别人，反正我把之前的压力变成了愤怒和征服。"

再后来，我了解到这位教练其实是深谙心理学的高手。他知道如何帮助孩子们将压力转化为动力，让他们在比赛中发挥出最好的水平。他的做法让我想起了谷爱凌的那句话："压力谁都有，就看你要把它变成阻力还是动力了。"

哭泣是最快、最有效的释放压力的方式。当孩子们面临巨大的压力时，教练选择让他们短暂地哭泣，以释放内心的压力和紧张的情绪。然后，他再引导他们将剩余的压力转化为动力，从而在比赛中取得胜利。

　　这个故事告诉我，拥有大心脏并不是遥不可及的。只要我们学会正确地面对压力，就能将压力转化为动力，在生活和工作中取得更好的成绩。

学会为自己的行为买单

> 每个人的行为都会产生一系列结果，无论是
> 积极的还是消极的。为自己的行为买单意味着承
> 担起这些结果的责任，而不是将它们推给别人或
> 寻找借口。

每年的1月和2月，女儿都非常忙碌。她每周的舞蹈训练时间长达28~30小时，而且每个周末都要外出参加比赛。对她来说，最大的挑战就是如何平衡兴趣和学习之间的关系。前两天，他们的经济学老师组织了一个名为"微创业"的活动，让孩子们分组进行。这个活动涵盖了前期的市场调研、产品规划、产品研发、销售数据以及最终的报告总结，所有这些都是计入成绩的。然而，课堂时间远远不足以完成这些工作，孩子们需要利用业余时间组

队完成。女儿根本没有这个时间。作为局外人，我认为聪明的孩子应该不会选择女儿作为队友，因为选她就相当于没有队友。她最好的朋友明明知道选择她会面临什么，还是毅然决然地选择了她。

当工作真正开始时，女儿的朋友确实承担了大部分的工作。但在展会开始的前一天，我看了一下，这孩子要做的工作实在太多了。而且学校规定大人是不准帮忙的，如果帮忙，孩子需要支付薪水。那天，女儿舞蹈课的结束时间是晚上9点，到家要10点，写完作业至少得12点。我跟女儿说，她今天必须做出一个艰难的选择：要么不去上舞蹈课，被舞蹈老师骂，但可以用跳舞的时间来完成作业；要么去跳舞不写作业，被学校老师骂，因为她没有时间完成作业。然而，女儿马上跟我说："我不需要。我的朋友知道我很忙，我要跳舞，没时间帮她。"我说："不行。"然后我就跟她讲了一个我念书时的故事。

当时我们班上有个男同学家里非常贫困，但他选择了在国外读书。因此，他的课余时间都用来打工挣生活费和学费。有一科他分到了我们组，我们组大部分都是中国学生，都知道他的情况，所以给他分的任务是写目录和摘要，这也是非常重要的一部分。交作业那一天，我们都等着看他的目录和摘要。最后一分钟，他发来了，竟然是从网上下载的，驴唇不对马嘴。他非常抱歉地跟我们说："实在对不起，你们知道我是没有时间的。"我们大部分人都非常不满，但又不知道说什么好。因为这个时候不管说什么，都感觉自己不够大气、不懂事。这时，我们队里一个工作很多年的姐姐直接拿起他的报告跟他说："走，跟我去见老师。"她把发生的事情一五一十地告诉了导师，并要求这个男同学不能分享我们组的成绩。结果当然是这个男同学这一科不及格。那是我人生中第一次体会到什么叫作公私分明、什么叫作界限感。你有梦想这很好，但除了你自己没有人有责任和义务为你的梦想买单。

我跟女儿说："你有兴趣并为此坚持，这很好，但你的朋友没有责任为你的兴趣买单。朋友的意义虽然是在需要的时候相互帮助，但你不能无条件地一味索取。任何一段关系能长久地维持下去一定是因为你让对方觉得和你在一起的时候是轻松舒适的。

从情感上讲这不是待友之道，从道理上讲你可以为你的兴趣和梦想付出，但你不能要求别人来替你买单，尤其是那些怜惜、爱惜、珍惜你的人。"

当孩子发现"家里很穷"

家长不应羞于向孩子承认自己的贫穷，物质
上相对的贫穷并不是一件可耻的事情，而是一种
生活状态。向孩子坦诚家庭的经济状况，能帮孩
子建立真实的世界观，形成更为实际和可行的生
活目标和期望，让孩子学会珍惜机会，努力追求
自己的梦想。

美国的普通住宅和豪宅并没有过于严格的板块划分，豪宅
和普通住宅之间的距离并不总是很远。就这么巧，我们家对面就
有一座豪宅，更巧的是，他家的儿子和我女儿还在同一所学校。
有一天女儿问我："妈妈，为什么查尔斯家的房子比我们家大3
倍？"我回答她："因为查尔斯家赚得多。"没想到女儿紧接着又

问："那为什么你和爸爸赚得这么少？"

面对孩子一连串的扎心问题，我该怎么回答？

我们需要明白两个常识。第一，孩子提出关于钱的问题，并不是他们早熟或学坏了。当孩子3岁的时候，他就能通过表面现象来判断什么是穷，什么是富；当孩子6岁的时候，他就可以把穷富与一件具体的事情联系到一起，比如富人会偏好使用什么手机或者开什么车子；当孩子11岁的时候，他开始意识到穷富与阶级之间的关系；当孩子14岁的时候，他可能开始探究阶级以及阶级背后的原因。孩子提出关于钱的问题，正是他财商觉醒的标志。

第二，孩子提出关于钱的问题，他真正想问的其实并不是钱的问题，而是父母的价值观和人生排序。拿房子这件事来说，我是这样跟孩子解释的："人在不同阶段的生活状态是由他前一阶段的人生选择所决定的。我们家现在的生活水平是受当年爸妈上大学时做的选择的影响，是受我们当年选择职业的影响，但这都是我们的选择、我们的人生。你可以向往山顶豪宅的生活，如果那是你的目标，那么在此之前你在面对人生每一次重大选择的时候，都要朝这个方向前进。"

　　社会是现实的，父母应与孩子坦诚沟通，让他们明白财富差距和阶级差异是客观存在的现象。同时，也要让他们知道这些差异并不是衡量一个人的价值的唯一标准。因为一个人的价值观和人生排序往往决定了他的生活状态。合理合法地追求财富没有错，父母可以鼓励孩子珍惜现有的机会和资源，勇敢地规划自己的未来。而在追求财富的过程中，父母应该帮助孩子找到他的人生价值的真实排序。

你的选择就是你的人生

你怎样度过今天，你就怎样度过一生。你选
择和怎样的朋友交往，你就会变成怎样的人。

我其实是一个吃螃蟹高手，但螃蟹却是让我长胖的罪魁祸首。
每周至少一次，非得来几只不可，还得配上点小酒，那真叫惬意。
有时候，螃蟹已经被我吃得干干净净了，但酒却还剩不少，这怎
么办呢？于是，我就开始找别的东西来下酒，比如薯片、夹心饼
干之类的。最近为了减肥，我已经两个星期没吃螃蟹了，成功瘦
了4斤！虽然螃蟹的味道本身没什么特别的，可就是会让我忍不
住多吃，然后我的体重就悄悄往上涨了。

最近女儿交了个好朋友，两人好得跟一个人似的。有时候她

们在房间里一待就是一整天，我也不知道她们在干什么。每次问女儿，她总是说："我也不知道，好像什么也没干，一天就过去了。"于是我就跟她讲："这样的朋友还是要适量交往，不要一有空就腻在一起。她是个好孩子，有她的优点，你也是个好孩子，也有你的长处，但你们两个在一起却无所事事，年轻人可不能把无所事事当成生活的常态啊！那些让你莫名其妙开始无所事事的人，还是赶紧远离吧。"

现在很多心灵鸡汤都在教我们要学会"躺平"，远离那些会让我们产生焦虑的人，这和我们家的交友理论是完全背道而驰的，我和老公都认为："你其实应该远离那些让你觉得沾沾自喜、比你差的人。"因为人在成长的过程中，最大的绊脚石就是骄傲。比你强的人是不会让你骄傲的，只有当你面对不如你的人时，才会产生沾沾自喜的情绪。所以人在努力爬坡的过程中，最好远离那些不如你的人。这些人本身没什么问题，有的甚至还是你的亲人朋友，但他们会悄无声息地诱导你走向失败。

不要放任孩子"诉苦"

当孩子在家里的时候，自然是这个家庭的焦点；当孩子离开家庭步入学校的时候，难免会感受到不被关注。其实每个孩子内心都是渴望得到别人的关注的，而如何得到关注这件事，每个家长心里都要有杆秤。

吸引孩子注意力的方法很多，有一种方法特别需要家长们的注意。女儿和我说，班上有个孩子很喜欢在课间时分与大家分享自己的一些不愉快经历，这些经历包括父母吵架、家庭经济问题，甚至是亲戚邻居的八卦。这种分享往往能让她成为当天甚至接下来几天的焦点。当我问及女儿对此的看法时，女儿反问我："你不是常常和我说，遇事不要憋在心里，要学会向他人倾诉吗？"

倾诉是没错，但如果想要通过分享悲惨经历来吸引他人注意力的话，并不值得鼓励。很多人都会小看这件事背后隐藏的风险，事实上，这种行为可能会让孩子陷入一种负面的社交循环中。当两个处于相同恶劣环境的人抱团在一起的时候，会让他们陷入一种更沉重的负能量交流圈。我们需要谨慎选择倾诉对象，避免陷入负能量的循环。

就像"破窗效应"所揭示的那样，一栋窗户破损的房子会吸引破坏者和侵占者。一个人如果持续展示自己的脆弱和不幸，也可能会吸引来那些想要利用他的人，从而让他不小心遭受更大的伤害。

因此，虽然心里有事的确需要找人倾诉，但我们应该鼓励孩子只向那些值得他们信赖的人说。通过这样的方式，孩子可以在保持心理健康的同时，避免陷入不必要的社交风险。

不要忽视孩子的眼泪

你是相信"男儿有泪不轻弹",还是相信"会哭的孩子有糖吃"?这两种说法其实都没什么问题,问题在于家长应该引导孩子正确、合理地表达自己的诉求。

朋友的孩子是个特别爱哭的小孩。不论是输是赢,还是做错事,他的眼泪总是会轻易地流下来。甚至在别人提高嗓门和他说话时,他的声音也会立刻带上哭腔。这个孩子似乎很难被安慰,询问他只会让他哭得更厉害。孩子的母亲告诉我,她家孩子是"泪失禁体质"。

　　我上网搜索后发现，"泪失禁体质"是一个网络流行语，尽管我在系统的心理学书籍中没有找到这个术语，但我认为它描述的是一种人格特征。这种类型的人通常心思细腻，缺乏安全感，想象力丰富，且情绪感知能力较强。他们不仅对外界的人和事非常敏感，自己内在的情绪也容易波动。因此，他们的言行更多地被情绪所操控，而非理智和逻辑。

　　"泪失禁体质"是否有害，是否需要改变，我认为这取决于具体情况。在某些领域，如艺术创作，这种体质可能是一种得天独厚的天赋。然而，对于孩子来说，如果他们能够学会用语言表达负面情绪，而不仅仅通过哭泣来表达，那将是一种成长。对于成年人来说，如果"泪失禁"现象频繁发生，那么他们可能需要关注自己的情绪出口，警惕抑郁等心理问题。

　　"男儿有泪不轻弹"表达了社会对男性哭泣的传统看法，认为男性应该坚强、不轻易流泪。然而，对于所有人来说，哭泣都是一种正常的情绪表达方式，不应该被抑制或歧视。"会哭的孩子有糖吃"暗示了哭泣可能是一种有效的获取关注或满足需求的方式，但过度依赖哭泣来表达需求或获取关注可能不利于个体的长期发展。对于"泪失禁体质"的孩子来说，学会用语言表达需求可能更为有益。

那么，你打算怎么做呢？

童年和成年是两个世界

童年世界和成年人世界是两个世界，不要干
涉孩子的童年，让孩子用自己的方式做他们想
做的事。

粉丝和我分享过这样一件令她困惑的事。她看到自己的儿子
为了讨好小伙伴，趴在地上扮小狗，一边爬一边叫一边笑。当时
她心如刀割，担心儿子是讨好型人格，以后的日子可怎么办。我
突然就想起来一件往事。

小时候，我们做游戏输了，惩罚方式之一就是钻"小朋友隧
道"：大家排排站，岔开双腿，输的人得从所有人胯下钻过去。有
一次我们几个小朋友正钻得欢，姥姥突然冲过来，拎着我的耳朵

回家，把我骂得狗血淋头。当时的我完全理解不了姥姥为什么生气，还觉得这件事很好玩呢，因为我喜欢扯他们鞋带，喜欢他们想打我的头却打不着的时候吱哇乱叫的样子。可等我长大了，用成年人的方式想想，这件事就变成了成年人眼里的"胯下之辱"，挺丧气的。

但是，孩子们的世界跟我们的可不一样。他们天真无邪，不懂什么羞耻不羞耻。一粒晚发芽的种子，在孩子眼里是希望，是与众不同；在成年人眼里就变成了差劲，变成了发育不良。所以，当我看到女儿和朋友们在家玩游戏，输了要被打脸，我虽然心疼，想打断他们，但还是忍住了。我问她喜不喜欢这个游戏，她说喜欢。我说："脸不疼吗？都红了。"她说："疼，但没关系。"那我就让她继续玩，只要她开心。

一个人是否受辱了，不在于他是否弯腰了，而在于他是否认为这件事真的侮辱了他，伤害了他。如果孩子对一件在你看来"弯腰受辱"的事毫不在意，那我们不妨默默观察、学习。因为即使他们是我们的孩子，但在个性上，我们一定有不及他们的地方。

帮孩子认识到家务也是他的分内之事

我们总说言传身教，殊不知"身教"的作用远大于"言传"。只有父母给孩子先打好样，孩子才能做到"有样学样"。

很多家长都面临一个问题：如何说服孩子参与家务？有的家长甚至发现，自家孩子连洗个碗都不愿意。其实，让孩子做家务并不是一件难事，关键在于方法和态度。

常有人问我："你是怎么说服孩子去刷马桶的？我们家孩子连洗个碗都不愿意。"每次听到这样的问题我都难免会有一些无奈。邻居家的女儿经常帮忙修剪她家的草坪，按照这个问题的逻辑，我其实应该去问一下我的邻居："你是怎么说服你的女儿帮你修剪草坪的？"但我不会去问，因为我知道女儿为什么不会帮我修剪草坪——我跟老公都不会修剪。前几年我第一次跟她讲，让她去好好干点院子里的活，她马上就回了我一句："你跟爸爸都不干，凭什么要我干？"想必看到这儿，已经有读者明白了，如果你们家的家务不管是保姆在干还是老人在干，只要不是你们夫妻二人在干，你就很难说服孩子心甘情愿做家务。

家长如果想让孩子把家务当成自己的分内事，可以采取以下3个方法。

首先，家长需要以身作则。如果家长自己都不做家务，那么孩子很难理解为什么他们需要做。比如，如果父母从不修剪草坪，却要求孩子去修剪草坪，孩子可能会反问："你跟爸爸都不干，凭什么要我干？"因此，家长需要在家务方面树立榜样，让孩子看到做家务是家庭里每个成员的责任。

其次，实行轮岗制是个好方法。就像邻居家有4个孩子，他们家就采取轮流修剪草坪的方式。这样，每个孩子都有机会参与家务，也能更好地理解家务的辛苦和重要性。同样，我们家也采取了类似的方法，我和老公、孩子轮流刷马桶。这样不仅能减轻某个人的负担，还能让孩子逐渐养成参与家务的习惯。

最后，孩子是否愿意做家务还受到周围环境的影响。特别是10岁以上的孩子，他们更加关注同龄人的行为和看法。因此，如果孩子周围的朋友都在参与家务，那么他们也会愿意参与。相反，如果孩子的朋友都没有做家务的习惯，家长也不要强行要求孩子去做，并为此炫耀或批评他们，这样反而会引起他们的反感和抵触。

总之，让孩子参与家务需要家长的耐心引导。通过以身作则、实行轮岗制以及关注周围环境的影响，家长可以帮助孩子逐渐养成参与家务的好习惯。

为什么你的孩子不爱和你沟通

不知道你有没有听过这样一句话，我们用三年来学会说话，却要用一生来学会闭嘴。为什么要学会闭嘴，因为倾听别人比表达自己更重要。倾听是建立良好人际关系的基础，尤其在亲子关系中，倾听孩子的心声有助于建立信任和安全感。如果父母对自己的孩子都没有基本的共情能力，那让孩子怎么办呢？

我的一位老同学，如今已是小有名望的医生。当我看到他坐诊时对病人展现出的无尽耐心，我忍不住和他抱怨："如今像你这样尽心尽力的医生可太难找了，怎么我之前遇到的医生和你比都少点儿医德。"没想到他这样回答我："你要是这么想，就是你无知了。"他解释道。刚毕业没什么经验或者是很忙的医生一般都会像我遇到的那种医生一样，快速做出判断并开出药方。然而，真正有经验的医生却会耐心倾听患者的讲述，因为他们深知，病人在饱受病痛折磨时，往往不会把痛苦分享给亲人，而医生则是他们在这个世界上唯一可以倾诉的人。

听到这里，我突然想起了前两天收到的一位妈妈的私信，她抱怨女儿不愿意跟她说话，什么事情都不告诉她。我突然意识到，这位妈妈是否也像那位没有耐心的医生一样，没有给予女儿足够的倾听和理解呢？

当孩子第一次、第二次乃至第三次向你诉说心声和烦恼的时候，你是怎么做的呢？在孩子眼里，我们是否也成了一位不愿意倾听他们心声的"医生"呢？这值得我们深思。

如何防止孩子沉迷于电子产品

　　不知道你是否觉得，手机刷得越久，看一部电影、读一本书，条分缕析地表达自己的观点就变得越难。如果你尚且被手机影响，那么你认为你的孩子能够对手机免疫吗？

　　该考试了，女儿的手机又一次被如约地拿出了房间。我知道，很多人会说："我也想这样做，但我家孩子不让，一提就闹翻天了。"其实，只要跟孩子讲明白两件事，他一般是不会闹的。

　　首先，我要讲一个"阴谋论"的观点。所有的电子产品、社交媒体、游戏，以及那些能让你沉迷其中、忘记时间的东西，都是资本家用来固化阶级的工具。孩子可能一开始不认同这个观点，没关系，我们可以让孩子自己去观察，因为事实胜于雄辩。你可以让孩子在坐飞机的时候去观察，什么样的人在看书，什么样的人在打游戏。再让孩子去尝试了解，那些他所羡慕的人，他们的业余爱好是什么。这种现实的反差是非常明显的。

其次，我要讲的是"信息茧房"。我们可能都发现了，孩子在手机里刷到的内容和我们刷到的是不一样的，你和我刷到的内容也不一样。如此一来，大部分的媒体平台对个人而言，早就丧失了眼观六路，耳听八方的功能。相反，它把人关进了一个无法逃离的小黑屋。这对孩子而言非常可怕，因为孩子有可能自此成为井底之蛙，永远无法跳出那个困住他头脑的小黑屋。

我们家长要意识到依赖电子产品这件事最可怕的不是影响孩子的学习，而是会改变孩子的思维方式和生活习惯。比如说旅行，虽然在路上的人很多，但是有能力欣赏风土人情的人寥寥无几。他更在意拍的照片得到多少评论。这背后的危害其实是致命的，因为这相当于孩子把自己的自尊、自信交出去了，交给了大众舆论。这甚至不是一般成年人能够承受的。一个把大众舆论作为自尊和自信基础的孩子，不要说成才了，就是能够安全地长大成人都是一种幸运。

　　我们这一代父母最大的敌人就是手机。无论谁说了什么点子，只要在你家好用，那就是好方法。我们家平时就是用手机自带的管控系统，但是到了期末或者发现孩子有点失去控制了，就会把手机拿出房间。不是说不让孩子用手机，而是只能站到规定的地方使用。孩子要是觉得站累了，那就说明是时候该放下手机去做别的事情了。

别忽视孩子停不下来的嘴

　　食物不仅仅是为了满足饥饿感，还是一种情绪调节的手段。当人们感到压力、焦虑或不安时，大脑中的奖赏系统会被激活，驱使人们去寻找能够带来快感的事物，而食物往往是一个容易获得且能够快速带来满足感的选择。而当人们面临压力时，食物可以帮助他们将注意力从压力源转移到其他事物上，从而获得一种暂时的逃避感。虽然食物可以在短期内缓解压力，但长期依赖食物来应对压力可能会导致一系列的健康问题。当你的孩子总是忍不住把手伸向食物的时候，你要注意一下孩子最近是否有情绪问题。

　　在寂静的深夜里，有时我们会遇到一种特殊的生物——午夜暴食龙。他们并非真正的龙，而是指在午夜时分突然醒来，无法抑制对食物的渴望的人。他们可能会在厨房里四处寻找食物，将一切可食之物塞进嘴里，仿佛永远也吃不饱。看到这样的情景，你可能会感到困惑：他们究竟是怎么了？

我曾经也是这样一只"午夜暴食龙"。每当我感到压力巨大的时候，就会在深夜醒来，偷吃那些平日里我碰都不会碰的垃圾食品。我清楚地记得，有一次在凌晨三点，我独自坐在厨房里，面前堆满了奶油蛋糕、冰激凌、凉皮和薯片。我并不是因为饿而吃，而是因为内心的焦虑和失控感驱使我通过食物来寻求安慰。

这种暴食行为其实是一种心理自卫机制。当我们感到压力巨大、失去掌控感时，我们的大脑会寻找一种快速有效的方法来缓解这种不适。而食物尤其是高糖高盐的食物，能够迅速刺激大脑释放多巴胺，让我们感到短暂的快乐和满足。然而，这种快乐只是暂时的，它无法从根本上解决我们的问题。

长期的暴食行为可能会导致身体和心理上的双重问题。身体方面，过度摄入食物会导致肥胖、消化不良等健康问题；心理方面，暴食者可能会陷入自责、焦虑、抑郁等负面情绪中，形成恶性循环。

对于那些午夜暴食的孩子，我们需要从心理层面去关注他们的需求。他们是否感到严重的失控？是否承受着巨大的压力？是否生活在严格的规则之下，被过度禁止某些欲望？只有了解他们的内心世界，我们才能找到帮助他们走出困境的方法。

为了帮助午夜暴食龙走出困境，我们可以采取以下措施：

首先，养成健康的饮食习惯和生活方式至关重要。定时定量地吃饭，多吃富含营养和纤维的食物，少喝含糖或含酒精的饮料，慢慢咀嚼食物并专注于饮食过程等习惯都有助于改善暴食行为。

其次，寻求专业的心理咨询和治疗也是必不可少的。心理咨询师可以帮助暴食者找出问题的根源并提供有效的解决方案。

最后，建立良好的社交关系和支持网络同样重要。与家人和朋友分享自己的困扰并寻求他们的支持和理解，有助于减轻心理压力并提高自我控制能力。

在改变生活习惯的过程中，允许并原谅自己偶尔的暴食也是很重要的一步。严格地禁食往往会激发更大的欲望，而给自己足够的时间和空间去适应新的生活方式则更加人性化和有效。

请关爱你身边的午夜暴食龙吧！他们不是真的饿坏了，而是需要更多的关爱和支持。我们需要帮助他们走出困境、重拾健康的生活方式。

流行玩具背后隐藏的危机

玩具是儿童认识世界的媒介，是儿童心理和社会发展的重要载体。通过玩具，孩子们可以模拟和再现现实生活中的场景和角色，从而加深对周围环境的理解。慎重地选择玩具，能帮你的孩子更好地与这个世界互动。

以前网上流行一种叫"萝卜刀"的玩具。这种胖胖的、颜色鲜艳的回弹式塑料玩具刀，大小不一，小的只有几厘米，大的可达一尺长。对于这一玩具的出现，社会上产生了两种不同的声音。一些人坚决反对给孩子玩萝卜刀，认为它会带坏孩子；而另一些人则认为这种玩具并无大碍，他们以自己小时候玩骑马打仗枪战并未犯罪为例进行辩驳。

此时，我们要思考玩具的作用。某些玩具其实就是模拟场景下的道具。孩子们之所以喜欢这些玩具，是因为他们可以通过使用这些道具来完成模拟，最终实现与真实世界的链接。因此，玩具的选择应该根据孩子的年龄段来定。在为孩子挑选玩具时，我们除了要看重其是否具有益智功能外，更要关注它所带来的模拟环境。例如，玩具娃娃可以模拟家庭场景，激发孩子的爱心或动手能力；乐高或积木可以模拟建筑场景，激发孩子的空间感和想象力。那么，萝卜刀呢？

我第一次看到萝卜刀时，想起了小时候和邻居阿姨的儿子玩游戏时发生的事情。那时候，我总是给他一把塑料小匕首，而他总是哭着回家告状，说自己总是分不到宝剑。他的妈妈质问我为什么不交换着玩，我回答说我长得人高马大，天生就有英雄气质，所以英雄应该拿宝剑骑大马；而她的儿子又矮又瘦还驼背，更适合扮演坏人，因为坏人才会拿着匕首鬼鬼祟祟地捅别人。尽管萝卜刀看起来可爱，但玩它的动作是具有攻击性的。加上它的宣传语如"解压玩具""一言不合就刀你"等，都在暗示着它的模拟场景是一个充满愤怒、压力和冲突的环境。在这样的环境下，萝卜刀的作用就变成了发泄神器，孩子们会通过捅、刺、砍等暴力行为来解压或解决问题。

　　3~15岁是孩子养成情绪表达方式的关键期。我一直鼓励孩子参加体育运动，其中一个重要的原因就是运动可以释放情绪。青春期的孩子情绪容易波动，他们需要一个健康的发泄窗口来释放内心的压力。有些人推荐摔枕头、砸东西等方式来发泄情绪，甚至大街上还开了很多情绪发泄馆供人们进去破坏东西。虽然破坏行为确实会让人心跳加速，产生短暂的快乐感，但它很容易上瘾，并不是一种健康的发泄方式。因此，我不会让我的女儿尝试这种破坏行为带来的快感，更不会让她养成这样的发泄习惯。如果她感到压抑或不开心，我会鼓励她去运动、去流汗。因为运动产生的内啡肽才是真正能够打败负能量的武器。

　　最后，我想给所有关心孩子成长的父母一个建议：在为孩子选择玩具时，请务必考虑其适龄性。不同年龄段的孩子有不同的心理需求和认知能力，我们应该为他们选择符合其成长阶段的玩具。同时，我们也要关注玩具所带来的模拟环境和可能对孩子产生的影响。只有这样，我们才能确保孩子在玩耍的过程中既能获得乐趣又能健康成长。

该怎么和孩子正确谈钱

很多家长都觉得和几岁的孩子谈钱言之过早，甚至很多孩子哪怕到了高年级都不知道自己家里的财务情况。作为家长，我们要知道，和孩子谈钱并不是为了在物质上限制孩子，而是为了教导孩子如何合理分配金钱以获得最大的快乐和满足感，培养理性的消费观念和金钱观。

孩子的金钱观的形成与原生家庭的教育和后天的经历息息相关，因为孩子终究需要与金钱打交道。他们对金钱的态度，往往决定了他们后天很多方面的发展。

在培养孩子金钱观的过程中，我遇到的最大困难是孩子不知道金钱的价值。我曾尝试让孩子赚取一些小钱，但还没来得及教她如何管理，她就已经忘记了钱的存在。这说明在孩子眼里，金钱并没有价值。后来，我尝试了许多方法，发现最有效的是将购物的权利交给孩子。每次购物我都会给妮妮20美元现金，她想买什么就买什么，花光了就花光了，如果有剩下的就留给她。我发现没几次，她就开始注意商品的价格，有了攒钱的计划和挣钱的想法。如果你觉得有必要，此时也可以告诉孩子你的薪水是多少钱，而他想要的乐高又是多少钱。孩子只有在有钱，而且觉得自己能够控制钱的时候，才会关注到钱的价值。

当孩子意识到金钱的价值时，我们必须及时跟进对孩子金钱观的教育。首先，我们要引导孩子树立正确的金钱态度。我非常欣赏以下几点态度：

第一，钱不是万能的，但它是必需的。

第二，把精力放到赚钱上，而不是把精力放到算计蝇头小利上。

第三，培养孩子的金钱界限感。他们必须明白，这个世界上没有人有责任或义务为他们花钱，包括父母、兄弟姐妹和亲朋好友。接受别人的钱财时，一定要心存感激。

第四，挣钱和花钱都要有道。我们需要根据自己的价值观来教导孩子什么钱可以挣，什么钱不能挣，以及什么钱可以花，什么钱不能花。

孩子可以通过自己的努力赚取零花钱，也可以由父母给予。但家务不应该成为赚取零花钱的手段。当孩子有了零花钱后（父母给予零花钱的时间我认为最晚不应超过小学一年级），父母可以教孩子如何合理分配。一般来说，可以将零花钱分为三份：第一份占50%，用于储蓄或投资，以实现"钱生钱"；第二份占40%，用于实现自己的目标或梦想，如购买一双鞋、一个手机或计划一场旅行；第三份占10%，用于满足自己的日常消费需求。

我们可以通过这个机会让孩子明白"想要"和"需要"的区别，作为父母，我们有责任满足孩子的"需要"，而"想要"的部分则应该由孩子用自己的零花钱来承担。我们可以趁这个机会向孩子解释资产和负债的概念。比如，最新款的手机、漂亮的车子和包包都可能会让人负债。让孩子学会不能仅凭外表来判断一个人是否有钱。这就是人们常说的"人不可貌相"。

面对孩子的"想要"，我们可以提示孩子思考在花钱上的"快乐产出比"，例如，用100块钱买一个玩具，可能只玩了两天就丢了，那么这100块钱只买到了两天的快乐。而如果用这100块钱全家去看一场电影，两年后回想起来仍然会感到快乐。因此，孩子应该明白钱可以花，但要尽量花在能带来持久快乐和回忆的事情上。

让孩子学会正确花钱，有助于孩子主动思考如何正确地赚钱，让孩子对金钱有正确的理解，也能让你在与孩子谈钱时更加从容和自信。

帮孩子区分"想要"和"需要"

父母无须为孩子全部的欲望买单。如何界定"必须"和"想要"是"出资方"的权利。

每个孩子都有收集欲，比如有的孩子小时候喜欢捡路边的小石头。

长大了，收集的品类也变多了。我们小时候流行集邮，还有小浣熊卡片。

但现在的孩子不得了。很多女孩喜欢收集芭比玩偶、暴力熊玩偶和盲盒玩具，收集这类玩偶要花费不少金钱。而那些喜欢收集奥特曼卡片和限量款鞋子的男孩，更是在这方面投入了巨额资金。

我女儿最近迷恋上了收集口红。前几天某网站打折，我一看她的购物车，加购了850美元的口红，我说："不行。"她振振有词，把我当年讲的话一字不落地复述出来："你告诉我的，多尝试才能找到自己喜欢的。你告诉我的，收集是一件好事，它能锻炼洞察细节的能力。为什么现在又不行，是因为东西太贵你太穷吗？"

面对青春期咄咄逼人的女儿，我不禁一时语塞。

青春期的孩子，态度强硬，输出直接，这时最忌讳与他们针锋相对。你越是想引导她，越不能急于求成。想到这里，我退出她的房间，说："给妈妈一天时间，研究一下你要买的东西，咱们明天接着讨论这个事情。"

我不支持她收集口红，就是因为贵。但并不是说这个东西超出了我的消费能力，而是因为这个东西超出了她的消费能力。

我们在谈及财商教育时，第一件事就是识别"需要"和"想要"。

未成年人的需要是监护人的责任所在。而想要，则应量力而为。未成年人的贪婪可能是教育失误导致的，不当的观念模糊了孩子想要的边界。

收集欲属于想要，这是需要孩子自己去买单的行为。简而言之，只要我的年收入达标，我就可以随意购入我想要的品牌皮包，但没有人有责任要为我的收集欲买单。同样的道理，没有收入或者收入微薄的孩子可以收集限量版鞋子、镜头、游戏皮肤，但家长无须为他的爱好买单。

很多人面对孩子的收集欲时，往往懒得做出多余的解释，经常简单粗暴地丢出一句话："就你那点钱，你做梦吧！"

这是典型的"穷人思维"，往往会把讨论引向不必要的争吵。穷不代表不能有富贵的梦想，那些从普通家庭走出来的世界巨富，恐怕都是从做梦开始的。敢于做梦，支持孩子的所有梦想，尤其是关于钱的，才是"富人思维"。

那要怎么跟孩子解释"我不想为你的梦想买单，因为它太贵了"呢？

首先要选一个合适的时间点。我经常会在接送女儿上下学路上的30分钟，在女儿情绪状态好的时候和她进行深入谈话。

开场永远是肯定孩子的选择。我对她说："妈妈昨晚仔细研究了你的购物清单，的确都是当季最火的色号，有几款妈妈也很想要，看来你真的是做足了功课。"

女儿听了很兴奋，两眼放光："对啊，我研究了一个多月呢！妈妈，我保证每个色号都很漂亮，而且你注意到包装没有，有的都是限量款！不赶紧买就买不到了。"

我问她："你看这样行不行，我们先把限量款买了，其他的再慢慢买齐。你收集口红，爸妈不反对，但是你必须用自己的钱。钱不够可以预支一些零花钱，再不够可以想办法给邻居干些杂活去挣。"

女儿问："你为什么不给我拿钱？我以前收集书的时候都是你给我拿钱，口红怎么了，跟学习无关就不支持了？"

我坚决地回答说："你的逻辑不对。你是一个无收入的未成年人，妈妈会为你的必需品买单。而你想要的，你要自己买单。如何界定'必须''想要'，这是妈妈的权利。你可能觉得不公平，但这就是出钱人的权利。"

女儿听后不吱声了，把脸扭向窗外。

我又以坚定的口气把解决方案讲了一遍："妈妈支持你收集口红，但钱要你自己出。这一次可以先买限量款，其他的一边挣一边买，也可以预支下个月的零花钱，但零花钱不够，妈妈不会再额外给了。"

到家了，她摔门而去。

　　这虽然是一次不愉快的沟通，却是有效的。她知道了妈妈坚持的原则，她知道妈妈对"想要"的清晰界限："想要"里包裹的是无限的欲望，她知道要为自己的欲望买单。她也知道付款的人通常是定规则的人。这些都会是她日后面对欲望诱惑的警戒线。

　　别人可以因为爱你而想养你、呵护你，但随心所欲、永无止境的消费只会让人生厌。

　　英国女作家达芙妮·杜穆里埃说：物质上的贪婪只会让你更加孤独，更加疏远自己所爱的人。

　　你的消费习惯就是你的人生哲学，它将决定你的命运。

聪明的妈妈很少说"但是……"

当你兴致勃勃与人分享你的成绩和喜悦时，
你是不是特别讨厌别人和你说"但是……"？

我有一个朋友的女儿，她各方面都非常优秀，无论是学习，还是性格都让人赞不绝口。然而，她有一个让人颇为头疼的口头禅"但是"。她的妈妈因为这个问题和她吵过不少次，总觉得女儿是在故意抬杠。不知道她妈妈有没有想过，问题并非完全出在孩子身上。

"但是"作为一个转折词，的确带有一种否定的意味。当一个人频繁地使用这个词时，他可能在无意识地否定别人，甚至否定自己。这通常源于两个原因：一是他可能觉得需要证明自己是正确的，而别人是错误的；二是他周围的环境和人可能经常用类似的方式对待他。

一个人待人接物的方式往往是别人如何对待他的一种折射。有时候一个人经常使用"但是"，恰恰是因为别人总是对他说很多"但是"。当他的成果和努力被忽视或被频繁擦除时，他很可能在长久的失落中把自己的复杂情绪简化为一个简单的"但是"。

如果我们希望孩子能够改变这种习惯，就要从改变我们自己的态度和行为开始。不如从现在开始关注孩子的努力和成果，帮他戒掉这个"但是"吧。

当孩子碰上不称职老师怎么办

没有任何人有伤害你孩子的特权。

当孩子碰上不称职老师怎么办？这是许多家长都可能面临的问题。那么，家长应该如何应对呢？

首先，家长要给孩子穿上"黄金甲"，即教会孩子如何应对垃圾情绪。给人伤害最大的不是陌生人的冷言冷语，而是来自至亲至爱，自己所尊敬、爱戴的人的不认可，冷嘲热讽。这些人包括父母长辈和老师。如果你认定了自己孩子的老师"不称职"，那么你可以告诉孩子，从今天开始你坐在教室里，你的任务就是学习这个人脑袋里的知识，除此之外，这个人对你和其他人所有性格、人品、能力上的评价，你都可以忽视。孩子并非生活在真空环境中，没有师德的老师，三观不正的领导，自私自利的公婆，假闺蜜、假兄弟，这些孩子可能都会碰到，与其我们事事都冲在前面，不如给孩子穿上一件"黄金甲"。

其次，家长自己也要思考，如果你的孩子在游乐场被人家欺凌了，你会怎么做？大多数家长都会毫不犹豫地为孩子争一个公平。那孩子被老师欺凌了，你为什么会犹豫呢？

可能有人觉得，你这么冲动和老师对着干，老师回头该给你家孩子穿小鞋了。但对于身穿"黄金甲"的孩子来讲，此时小鞋的威力为零。家长应多维度评估孩子的成长，不要过分看重学习成绩。我们作为家长，更应该看重孩子的三观性格的完整度、学习能力、社交能力、思考能力、创造力、领导力、自理能力、情绪修养等等。学习成绩不过是其中小小的一部分，不要给老师通过单一的成绩来掌控孩子和家庭的权力。

如果孩子在外面受了天大的委屈，那么父母给的正气，父母给的支持、信任和鼓励，就可以帮孩子压倒一切邪气。那些因为受了老师的侮辱，一生都在疼痛的人，当年的老师是有错的，那么当年的父母呢？

　　总之，当孩子遇到不良的老师时，家长要教会孩子如何应对并保持自信。同时，家长也要勇敢地站出来保护孩子。只有这样，我们才能为孩子创造一个健康、快乐的成长环境。

别让不合理的规矩限制了孩子的发展

无规矩不成方圆，但规矩也要因人而异。父母在给孩子制定规矩时需要考虑孩子的年龄、性格和需求，过度的规矩会限制他们的个性和发展。

给孩子定规矩很重要，但也有不少妈妈担心，给孩子定很多规矩会让孩子失去自我，活得越来越不自信。事实上，一个人缺乏自信与规矩的多少并无直接关系，而是与规矩是否合适密切相关。

这里我要给大家介绍一个概念——"全能感"。我们可以想象一下，一个觉得自己无所不能的孩子，和一个觉得自己做什么都不行的孩子，他们的综合表现一定是截然不同的。全能感觉对孩子的成长至关重要，因为它塑造着孩子的自我认知和行为表现。然而，随着我们对孩子的要求越来越多，孩子的全能感可能会逐渐减弱，进而导致自卑心理。

但这并不意味着我们不能给孩子提要求或定规矩。关键在于如何平衡规矩和孩子的全能感。当孩子在某些方面受到限制时，可以通过其他方式来弥补他们的全能感。例如，如果你要限制孩子看电视，可以同时让他自己选择想要的零食和决定自己穿什么鞋子。这种方式有助于增强孩子的自信心和自我价值感。

所以一个人活得自不自信，和规矩的多少没有关系。反而和"规矩合不合适"有很大关系。如果所定规矩不合适，比如该管的不去管，不该管的却过度干涉，可能会导致孩子形成自大、自卑、自恋等不健康的个性特征，最终影响他们的自信心和人际交往能力。

别被别人的"滤镜"干扰

人言可畏，但心不可欺。遵从自己的本心，
别让别人的三言两语伤害你。

我认识一个小朋友，虽然她只有10岁，却远比很多成年人活得通透。10岁的丽莎是一个自信开朗的小姑娘，平时丽莎总是由她奶奶照顾，但奶奶的性格严厉挑剔，有时甚至会把她贬得一文不值。

但丽莎厉害的地方就在于她有着非凡的应对能力，每当奶奶对她发泄完情绪后，她总能迅速地将那些负面的话语抛诸脑后，立刻恢复成那个自信大方的她。有一次，我忍不住问她为什么奶奶的攻击好像对她没造成伤害。她拿起了我的相机拍了张照片，并对我说了这样一番话："你看，同一束花，如果我们透过不同的滤镜去看，它呈现的样子就会不一样。奶奶经历了太多的失望，所以不是说我不可爱，而是奶奶眼里的世界就没有值得她爱的。"

那些对这个世界充满失望和怨恨的人，他们很容易产生很多负能量，但是这些并不是我们的错，我们自然也不用去承担这些负能量带来的负面感受。不要把那些负面的话作为评判自己的标准，不要被他人的负面情绪所左右。

做自己，别人已经有人做了

> 每个人都是一个独特的乐章，不必为了融入
> 别人的旋律而牺牲自己的音符。

前两天在女儿的家长会上，老师向我表达了对女儿性格变化的担忧。她提到妮妮这学期开始特别喜欢自嘲，而老师希望她能够更淑女、更高雅一些。听到这些，我心里顿时一紧，开始反思是不是应该跟女儿好好谈谈。毕竟，在我看来小学阶段的孩子，性格、习惯和三观的培养远比学习成绩更重要。

那一整天，我的心情都很沉重，于是就满怀心事地去跑步了。在我进健身房的时候，我看到一个网球教练跟一个孩子在说话；我出来的时候，这个教练还在跟这个孩子说话，说了一个半小时。

路过时，我听到孩子哭着说："这是我的性格，你恐怕只能接受或离开。（I'm sorry，this is my personality. I'm afraid you have to take it or leave it.）"我当时特别想跟她讲："你的一句话，救了阿姨的女儿。"

我们很多时候都难免走进"为孩子好"的误区，包括我。谁不希望自己的女儿是个淑女？谁希望自己的女儿成为一个笑柄？但是，如果我的女儿她不想活得很高冷，她觉得"谐"才是她活得最舒服、最自然的样子，那我作为她的妈妈必须支持她。

后来，我没和女儿说她老师和我讲的话，反而和她讲了健身房这个女孩的故事。我的女儿听了之后说："我可以跟老师这样讲话吗？"我说："当然可以。个性是你最最私人的东西，任何人都没有资格来评价你的性格。如果有人过来跟你讲，你性格不好需要改变，你可以跟他讲，这就是我，这就是我的性格。你要么学会接受它并与其和平相处，要么离我远点。"

每个成熟的人不都应该这样思考问题吗？不要想着去改变其他人，也不要被其他人轻易改变。对孩子来说，他们的性格、习惯和三观正在形成时，需要我们的引导和支持，但绝不是强行改变。作为父母，我们应该学会放手，让孩子在尊重和理解的环境中自由成长。

比成功更重要的是如何看待失败

失败不是成功之母，但是对待失败的态度，
决定了你能否成功。

昨天我去公园跑步时，恰巧遇到妮妮学校中学部的棒球比赛
刚刚结束。一对母子走在我的前面，我听到男孩在抱怨："真倒
霉，又输了。我们已经和他们打了两年了，从来没有赢过！"母
亲回应说："你们确实输得很惨，但我觉得你们还是有表现出色的
时刻，不是吗？"男孩回答："是的。有几个球我打得非常好，简
直帅呆了。可惜我的队友不给力，要不是因为××和××，我们
肯定赢了。"

这时，母亲说了一句话，让我对她产生了敬意，甚至让我忍不住跑到他们前面去看看她的模样。她告诉儿子："打扰一下，年轻人，请注意你的态度。在你开始责怪别人之前，你并没有输。"

失败本身并不是什么大不了的事情，但如何对待失败却决定了一个人能否成为一个了不起的人。当我们遇到挫折时，很容易怨天尤人，但这样做并不能解决问题，反而会让我们陷入消极的情绪中无法自拔。没有人能轻而易举成功，当我们面对失败的时候，记住别让消极情绪影响我们的未来。

激发孩子的内驱力

考试是对孩子这段时间学习能力的检验，但是考试后家长的做法则是对家长的检验。

孩子考得好固然是一件值得骄傲的事，但是这时候其实更需要家长保持警惕。因为今年的好成绩并不代表明年也能继续保持。你和孩子在心理上是否已经做好了被其他同学超越的准备？如果不想被超越，那么你们是否愿意付出比今年更多的努力来保持领先地位呢？

而对于那些孩子考得不好的家庭，这可真是一个让你在孩子心中的形象发生大转变的好机会！女儿就是在我这套思路下，爱上学习并且努力争取更好成绩的。

　　首先，我会尽量保持平静，不表现出过度的反应。"妈妈不在乎结果，只在乎你学习的过程。"这句话我常挂在嘴边。这时正是实践它的最好时机。所以，当妮妮拿着成绩单对我说："妈妈，我考得不好。"我会轻松地回答："哦，那真不好。晚上我们吃牛排怎么样？"然后，我会选择一个合适的时机，在彼此心情都平静愉悦的状态下，与孩子一起讨论考试的事情。我会问她："你考得不好，感觉如何呢？"其实这种情况下，孩子的答案通常有三种：不开心、无所谓或开心。而对孩子来说，开心与否的一个很大的标准是家长给予的。因此，我每天花费很多精力去做的，不是提升孩子的学科成绩，而是调整她的快乐的标准和她对快乐的认知。随着孩子年级的增长，她会追求被认可、被尊敬。我们需要让孩子知道，在学校这个大环境里，想要获得尊重和认可，学习成绩是一个必要的条件。

　　过去5年我一直是这么做的，而最近妮妮拿回来的卷子全都是满分，这让我非常惊讶。她以前一直都是一个考90分左右的孩子，但现在她说："从这学期开始，我给自己定了一个标准，每一次考试我都要拿到一个满分，而且这个满分必须是我之前没有拿过的。"我问她为什么这么要求自己，她回答："因为这样才让我自己开心。"

人为了让自己快乐，是可以做出很多努力和改变的。引导孩子去寻找属于自己的那份快乐和幸福的标准，是家长能提供给孩子的最好的支持。

女孩儿更要学会"利己主义"

助人为乐没错，但是助人的时候一定要量力而行，尤其是小女孩。

首先，当你想去帮助别人时，请先确保自己能够全身而退，特别是当你独自一人时。因为女孩子在力量上天生就不具备优势，而正义往往需要力量来支撑。

其次，如果你走在大街上突然有人跑过来找你帮忙，在行动之前请先思考一下：在这熙熙攘攘的人群中，他为什么不找别人，偏偏选择了你这个小姑娘呢？这背后可能隐藏着未知的风险。

再次，无论在任何情况下，女孩子都不应该单独进入陌生的封闭空间，如车子、房子、帐篷等。即使你听到里面有呼救声，也不要轻易进入。你可以选择报警或寻求他人的帮助，切记不要单独冒险。

最后，不要反复地去帮助同一个人，包括你的家人、亲戚和朋友。俗话说"升米恩，斗米仇"，过度的帮助可能会滋生怨恨，这是一个难以逃避的规律。

如何面对青春期孩子的特别问题

青春期的孩子有性好奇是正常现象。与其对这个话题讳莫如深，让孩子不得不从别的渠道了解，不如顺势引导孩子学习什么是隐私，什么是正确的情感关系。

有一天我正在享受自己的悠闲时光，女儿突然凑近我，问了一个让我有些措手不及的问题："妈妈，你的第一次是什么时候？"

尽管这个问题让我有些尴尬，但我知道，这不是孩子早熟的表现。正常来说，进入青春前期的孩子（女孩子大约8岁，男孩子10岁左右）对这类问题都会感到好奇。我非常庆幸，也非常自豪，我家孩子有问题，她回来问的是我。其实这也是女儿给我的一次机会，允许我去引导她的爱情观和婚姻观。我肯定要好好珍惜这次机会。

我深吸一口气，开始认真地回答她的问题。

我说："第一，你知道什么叫'隐私'吗？隐私就是指那些你不愿意和别人分享的事，这件事对于大部分人来讲都叫隐私。所以以后谁要是来问你这个问题，就算他是你的男朋友或者你的老公，你都有权利不回答。同样的道理，你也不能随便问别人这个问题，就算他是你的男朋友或者你的老公。保护好自己的隐私，也别侵犯别人的隐私，这是保护自己和尊重他人的重要原则。

"第二，这件事重要吗？重要，但也没那么重要。第一次的经历并不决定一个人一生伴侣的选择。因此，你不必为此钻牛角尖或委屈自己，更不能让任何人用这件事来要挟你。

第三，"性有'该发生的时间'。我记得你去年特别想养一只小狗，但最后你还是没养。你说养狗需要钱、时间和精力，这些你现在都没有，等你长大了，能挣钱了，有多余的时间去陪狗了，你一定会养一只狗好好爱它。妈妈当时说什么？你这个决定特别地理智，而且明智。你在小狗的事上都这么理智，而性这种‘人生大事’背后的责任担当可能比养100只小狗需要担负的还要多。”

　　每个人都会面对这个问题，重要的是要确保自己在合适的时候做出明智的决定并准备好承担相应的责任。世界上最不缺的就是机会和选择，缺的是能够珍惜和把握好每一个机会的人。因此青春期的男孩女孩不要急于求成，而要耐心等待合适的时机到来。

学会面对死亡是为了过好未来的每一天

邻居奶奶被救护车紧急拉走了。我和女儿站在门口，看着警车和救护车的灯光在夜空中闪烁。夜风阵阵，13岁的女儿紧紧地夹着胳膊，只是轻轻地叹了一口气，说道："这就是人生啊！"

与大多数中国家庭不同，我很早就开始给女儿进行死亡教育。这种教育在我这里分为三个步骤：知死亡、看淡死亡、交代后事。

首先是"知死亡"。孩子的第一次发问，就是解释死亡的最佳时机。

孩子并不会挑一个在你看来足够恰当的时间来问这个问题。

我记得有次大过年的，刚会说话的她问："为什么多多的姥爷来陪他过年，我的姥爷没有来？"一句话让家人都沉默了。

3秒钟后，我坦言道："因为你的姥爷去世了，他来不了。"

"去世？那他去哪里了？"女儿追问。

我解释道："去世就是在我们的生活中消失了，我们再也看不见他，听不到他的声音。有的人相信去世的人去了另一个世界，而有的人则认为他们只是单纯地消失了。"为了让她更好地理解，我马上找来一部科普动画片，讲述了一棵树从种子到参天大树，再到最终化为尘土的过程。我告诉女儿，人的生命也是如此。

当时，我妈对我在大过年谈论这些"不吉利"的话题感到不满。但那是我第一次与女儿谈论死亡，上幼儿园的妮妮也牢牢记住了：人就像大树一样，有生命的开始，也有生命的终结。

接下来是"看淡死亡"。来到美国后，女儿学会了一个词：

Chapter（章节）。这个词我非常喜欢，因为它能淡化许多负面的情感，比如失败、失恋，还有死亡。

邻居家曾经养了两只龙猫，他们外出旅游时，都是女儿去帮忙照顾和喂养。因此，女儿对这两只龙猫也有了一定的感情。然而没过多久，其中一只龙猫死了，女儿非常伤心，那是我第一次用"Chapter"这个词来描述死亡。

"想象你在读一本书，"我对她说，"这只龙猫就是其中一个精彩的章节，给你带来了很多欢乐。但现在这个章节结束了，你可以永远记住它，也可以多看几眼，但终究要翻开下一页。因为这本书还有很多其他精彩的章节等着你去读。"

后来我们开始养猫，并给它起名为Zoe。女儿非常爱它。有一次Zoe生病了，我们带它去看兽医。在诊室门口等待时，我们的眼眶都湿润了。女儿突然紧紧地拉着我的手说："妈妈，如果今天有意外发生，Zoe永远都是最精彩、最不可替代的章节。对吗？"

我点点头表示同意。我们深爱着Zoe，但必须接受它可能离开的现实。更重要的是我们要有勇气在没有它的日子里继续精彩地活着。Zoe 是我们人生之书中的一个章节，与此同时我们也是别人人生之书中的一个章节。珍惜别人的精彩，活出自己的精彩，才是对人生之书最好的解读。

最后是"交代后事"。最近直播带货非常火爆，其中有一个卖寿衣的小姑娘日进斗金，来光顾的都是上了年纪的大爷大妈。看到这条新闻时，我感到非常欣慰。

我的父亲是因心脏病突发离世的，留下毫无准备的母亲和一大堆与遗产相关的琐事。我记得我花了整整两年的时间才处理好各种文件。因此交代后事是对子女最后的负责，也是对自己人生的尊重。

我计划在女儿读高中的时候就把我的抢救计划告诉她，包括什么时候进行抢救、什么时候放弃以及财产处理等事宜。我会通过律师把这些事情白纸黑字写得清清楚楚，以免将来留下遗憾和纷争。

也许只有经历过的人才会知道，人要忍着悲痛奔走于无情的车水马龙中去处理一堆冷冰冰的文件是一件多么残忍的事情。我不希望我的女儿经历这样的痛苦，所以我选择提前交代好一切，让她在未来失去我时能够更从容地面对死亡。

前年母亲住院手术前，突然有人给我一沓文件，是各种情况下是否放弃抢救和治疗的知情同意书。我的手不停地颤抖，眼泪不停地流淌，因为母亲从未谈及这些事情，我又怎敢妄自决断她的生命？我看了一眼面前的医生，对方没有一点建议和理解，满眼都是道德的审判和职责的要求。那一刻我深深地感受到了无助和惶恐。

隔天我马上联系了我的律师，要求准备一些交代后事的文件，包括遗嘱、医疗指示和财产分配等。我不想让我的女儿在未来面临同样的困境和选择，我想让她在失去我的时候，依然能够感受到我的爱和关怀。

我想我太爱我的女儿了，我舍不得让她经历这些撕心裂肺的环节。因此我会尽我所能地为她铺好未来的道路，让她在我离开这个世界时能够更加从容和坚强。

　　与死亡相比，不知死亡、拒谈死亡以及不交代后事更加残忍无情。因为它们会让我们的亲人在失去我们的时候，陷入无尽的痛苦和迷茫中无法自拔。所以让我们勇敢地面对死亡，用爱和理解去温暖彼此的心灵吧。

告诉你的孩子：你比钱重要

别让孩子在不知不自觉中给自己"标价"。

有一天我的女儿突然过来，想让我帮她买一些东西，她说："妈妈，我想买一些东西，这个，还有这个，这个也很便宜，我可以买这个……"我立刻打断她，说道："什么叫作这个也很便宜，你就可以买？"她有些支支吾吾地回答："我觉得其他的太贵了，你可能会觉得我在乱花钱，不给我买。"

我深深地看了她一眼，然后告诉她："首先，乱花钱是指买自己不需要的东西，即使这个东西再便宜，如果你不需要，那也是乱花钱。其次，你给我听好了，我把你带到这个世界上，尽我所能给你优质的教育，并不是为了让你觉得自己很值钱，更不是为了让你觉得自己不值钱，只配使用廉价的东西。我给你好的教育，是为了让你意识到你的价值是无法用金钱衡量的。不要试图用金钱或物质来衡量自己，更不允许别人这样做。你的价值远远超越任何皮包、车子、房子或小礼品。你是我的女儿，你在我眼中是无价的，我希望你在你自己的眼中也是无价的。"

　　这番话让女儿陷入了沉思。我知道，金钱观的教育不是一蹴而就的，需要我们在日常生活中不断地引导和提醒。但我相信，只要我们坚持这样做，我们的孩子就会逐渐明白：他们的价值不是由金钱或物质决定的，而是由他们自己的内心和行动决定的。

该原谅曾伤害过自己的人吗？

如果有人曾经捅了你一刀，你是否真的做好
了准备把刀再次递到他手里？

"妈妈，我还能和她继续做朋友吗？"

有一天，女儿突然问了我这样一个问题。女儿和自己的一个
好朋友因为某个分歧分道扬镳了，这都过了快两个学期了，那个
女孩突然想要和女儿和好。我想，如果问这个问题的不是我女儿，
或者她是一个6岁以下的孩子，我可能会告诉她，要善良、要大
度、要学会原谅，毕竟人这一辈子谁不会犯错误呢？但是，她是
我的女儿，她已经13岁了，我不会再那样去教她。

我问她："你还记得妈妈第一次收拾螃蟹吗？当时妈妈很害怕，整整犹豫了一下午都下不了手，最后还是得等爸爸回来。但是现在呢，妈妈要是发现哪只螃蟹不听话，我眼睛都不会眨一下，马上就会处理它。人也是一样的，去伤害任何东西，第一次都很难，但是只有第一次是难的，接下来就容易了。"

我接着和女儿说："你当然可以跟她和好，但是你得明白，和那些没有伤害过你的人相比，这个人是更容易伤害你的。因为你已经给了她一次伤害你的机会，她知道你的软肋在哪里，她如果要再次伤害你，就会更容易。所以，你要想清楚。"

其实不光是儿童时代的友谊，我们每个人都可能面对这个问题：要不要给曾经伤害过自己的人一个机会。一时的原谅非常简单，但是原谅背后却隐藏了很多的风险。

信任一旦破裂就很难重建。即使双方都想努力修复，曾经的伤害也可能在关系中留下永久的裂痕。但是和曾经的伤害相比更严重的是，对方可能会把过去的伤害与解决方法作为和你互动时的问题解决模板，即他会再次伤害你，并用同样的方式来解决这个问题。然而这还不是最糟糕的，最糟糕的是曾经作为受害者，原谅对方是否会影响你的自尊心和自我认同。

我并不认为当对方伤害了我们一次，我们就要老死不相往来了，但你要在给对方机会之前想明白，如果有人曾经捅了你一刀，你是否真的做好了准备把刀再次递到他手里？

人生没有标准答案

很多时候，我们会被眼前的选择困住手脚。但如果你回头看，就会发现，很多曾经在你看来很严重的问题，解决方式都不是唯一的。每个人对人生的侧重都不尽相同，每个人对人生都有不同的解读。

前段时间我出差时，没有租车，全靠打车出行。打车过程中与不同司机的交流，让我见识了多彩的人生。今天，我想与大家分享其中几位司机的故事。

第一位司机是个墨西哥人。他的英文我只能听懂六成，但我还是忍不住好奇地问他，是怎么开始跑网约车的。他说："你看，我缺了一根手指。之前，我一直是做园艺的，出了事故之后，我老婆就再也不让我拿电锯了，所以我就开始跑网约车。"快到地方的时候我跟他讲可不可以中间多等我一会儿（有偿），我想去超市买点东西，然后带回酒店。他说："不可以，已经快下午3点了，我要去接我的宝贝。每天3点到8点，虽然说这个时段最赚钱，但是我都不跑，我要回家陪我的老婆，陪我的宝贝。"孩子睡着了之后，他会出来再跑，一直跑到第二天凌晨，这位司机的家庭观念令人感动。

第二位司机是一个特别帅气的"特斯拉男孩"。他就像电影里的加州阳光大男孩，车里很干净，味道也很好闻，是那种葡萄酒混着梅子的味道。我说这是我第二次乘坐特斯拉，还没有坐过这个型号。这一路上我们都在聊车，他滔滔不绝地向我称赞特斯拉这好那好。我说你不会是特斯拉的销售吧？他说差不多，他就是在特斯拉工作的。我说你这是加班还是在跑私活？他说在跑私活，但是他非常喜欢他的工作，算是自愿加班。他问我现在油价这么高了，为什么不考虑买特斯拉？我非常直接地说出了我不喜欢的地方。这位大男孩儿沉默了两秒后跟我说："谢谢你的诚实。"

第三位司机是我的老乡，一个东北大哥。他为了孩子放弃了国内比较好的工作，陪孩子到这边读书，10多年来一直是打小时工。去年孩子读了大学，他就在孩子大学周围的这几个城市跑网约车。看他也是个资深司机了，我忍不住问他："我住的酒店周围安不安全？你觉得这个城市的治安怎么样？"这位大哥沉默了一会儿说："你是刚出国吗？这咋回答你啊？你现在是在资本主义社会，什么叫作资本主义？就是社会资源是给资本服务的，也就是说你的年薪不同，5万美元、50万美元和500万美元，你所看到的世界是不一样的。你说这个地方安不安全，它取决于你活动的路线和活动的场所。"我对大哥讲的特别赞同，瞬间就想起来，我们以前住上海的时候，老公跟他国外的同事讲，上海的超市一点不挤，哪怕是过年的时候。当时我直接反驳他："你都是在机场、酒店，或者高级超市活动，你应该让你同事来问问我这个天天跑家乐福、菜市场的人！"

这次出差，我接触了三十几位司机，在和他们闲聊的过程中，我仿佛走马观花地窥见了三十几个人的人生。他们每个人的生活

状态都不一样，有的甚至远超我的认知范围，但基本都对自己的

生活感到自洽和满足。我发现，人生试卷并不存在唯一的答案，

只要你在你的道路上走下去，你总能收获只属于你的喜悦。

人生不用太紧张

学会放松是一种能力，一根橡皮筋如果一直
处于紧绷的状态，只能迎来绷断的命运。

每天早晨我送女儿去学校的路上，总会遇到一个男孩。他独
自走在路边，耳机里可能播放着他喜欢的音乐。他身穿颜色鲜艳
的Polo衫，有时是黄色的，有时是红色的，与女儿学校古板的着
装要求形成鲜明对比。看着他的背影，我感受到他身上散发出的
一种松弛感。

这种松弛感并不是因为他走路的速度不紧不慢，也不是因为
耳机里的音乐带来的放松，而是一种内在的气质和个性。有松弛

感的人自信、从容，仿佛一切都在他们的掌握之中。

然而，这种松弛感并不常见。我们往往被焦虑、压力和紧张所包围，满大街都是穿着宽大衣裤的焦虑青年。我们误以为衣服的宽松能带来松弛感，实际上，真正的松弛感是从内心里散发出来的。

松弛感也是一种难以言喻的气质，需要通过长期的内心修炼和真正地热爱生活才能拥有。

我的成长经历中缺乏这样的体验。我出生在一个普通的公职家庭，虽然生活并不拮据，但也没有大富大贵。长辈们营造的危机感和焦虑感充斥着我的童年时光，让我很难真正放松下来。

当我到英国留学时，我开始意识到我缺乏松弛感的问题。为了多赚点零花钱，我选择了在节日打工。在一家餐厅的跨年派对上，我忙碌地穿梭在餐桌和吧台之间，生怕客人因杯子里没有酒而责备我。这时，餐厅的老板走过来把手搭在我的肩膀上，告诉我不要紧张兮兮的，吓坏了客人。他告诉我，客人来这里不仅是因为饭菜好吃，还因为环境气氛。而我就是气氛的一部分。他需要我喜欢这份工作，放轻松并乐在其中。

老板的话让我震惊不已。我开始意识到，原来工作是要真心喜欢并乐在其中的。只有当我快乐时，我的客人和老板才会快乐。从那以后，我开始尝试理解这种文化，并模仿那些一脸笑容、哼着小曲的服务员。虽然我不知道我的气场是否因此发生了改变，但我确实发现上班的时间过得飞快，我的小费也比之前多了很多。

后来，餐馆里来了另一个中国女孩。她很美，但工作的样子并不美。她的表情总是很严肃，笑容也很不自然。我尝试把我的想法告诉她，希望她能够放松一些，享受工作带来的乐趣。然而，她却认为做事就要认认真真，这是工作态度问题。那一刻，我仿佛听到了我妈妈、我姥姥以及我的从小学到大学的老师的声音。

我曾经是一名教师，学习并实践了很多教育理论。但留学那几年的经历却给我带来了更多的震撼和思考。我开始思考，我们这一代、上一代甚至下一代是否很少有人真正地热爱工作和学习。

我们是不是一直都把逻辑顺序搞错了呢？教育究竟是要先教孩子认真再热爱还是要先热爱再认真？又或是我们缺失了"热爱"的教育？

自媒体的发展让我们看到了更大的世界。原来同是打工人，很多是真的热爱他们的工作，同时高考的学生也有很多是真正热爱学习的。热爱是我们最需要提升的生存技能。一个人只有心有所爱才会心有所望、心生欢喜并沉淀出自信和强大的安全感。松弛感就是在这样的状态下自然流露出的能量。

我很喜欢松弛感，最近10年，我周围也都是松弛感满满的人。我一直在努力累积对生活的热爱，我不再从早上就开始焦虑穿什么吃什么，我相信我的出现本身就是一场快乐盛宴，吃穿并不重要。去机场的路上堵车了，我不再愁眉不展，我相信所有的晚点都是最好的安排。

我庆幸的是，在我中年的时候，我探究了我为什么无法松弛。余生我有足够的时间去修炼松弛感。

若干年后女儿跟别人谈起我，我希望她说我的妈妈是一个"热爱生活"的人，她也教会了我热爱生活。哪怕是压力很大、很煎熬的那些时刻，也要话里有幽默，心里有希望。

我希望我的女儿也能像那个每天散步上学的男孩一样，能感受到生命的松弛和轻松。

帮孩子建立生活的仪式感

很多人对仪式感这个词可能都有误解，仪式感并非靠物质堆砌，父母通过一些小细节营造生活的仪式感，有助于建立更亲密的亲子关系。

仪式感，这个新潮的词，在近些年被频繁提及。它常常与生日、结婚纪念日等特殊日子紧密相连。但在我眼中，仪式感远不止于此。它是一种生活的痕迹，是时光流转中留下的温馨印记。多年后，即使我们身处不同的地方，某种熟悉的味道或时刻都可能唤起深藏心底的感觉。因此，我更倾向于将仪式感理解为"仪式+感觉"，这两者共同构筑了我们的情感认知体系。

对孩子的教育而言，一个充满仪式感的家庭能够显著提升家的温度，增强家庭成员之间的情感。在我们家仪式感并不需要花费太多金钱或精力，它常常是一些简单却富有深意的小事。

仪式1：每周一次疯狂日

这一天我们都可以做一件平时想做但不敢做的事。

女儿12岁以前，经常在这一天，招呼一堆朋友来家里玩儿，买一堆垃圾食品，通宵不睡。我和老公对此不能有任何干涉和怨言。

在疯狂日这一天，家是完全自由的，甚至可以是疯狂的，家的这个功能不知不觉间植入女儿的心里。很多孩子在进入青春期后，向往夜不归宿的生活，因此涉足酒吧、洗浴中心等场所。"夜不归宿"的本质是追求自由，没有父母的管束。如果家在孩子的眼里也具备这个功能，孩子自然不会选择外宿或者离家出走。

今年女儿就15岁了，我们准备批准她的"独自在家疯狂行动"，我们想给她更多的自由体会。父母停止管理，孩子才会自理。

在美国，各个州对于把孩子单独留在家里有不同的法规。下面是某社会服务机构结合青少年心理发展给出的建议：

7岁及以下，严禁无监护人看管；

8~10岁，可以无人看管1~2小时（仅限白天）；

11~12岁，可以无人看管3小时（仅限白天，且环境稳定），这3小时不能让孩子负责其他事宜，如照看宠物、儿童或老人；

13~15岁，可以无人看管但不能通宵无人看管；

16~17岁，可以无人看管，最多2晚。

仪式2：在"爱心板"上留言

我们家门口的那面墙上，有一块花25美元买来的小小涂鸦白板。15年来我们搬了4次家，它一直被挂在门口，谁都可以在上面画画。女儿比赛的时候，我会在涂鸦板上画加油鼓励的小猫咪，我生气了会画暴躁怪兽，想道歉的老公一定会在怪兽嘴里补画一个冰激凌。春节我会在上面画灯笼，圣诞节女儿会画圣诞树。慢慢地，涂鸦板变成一个随意的习惯。

有一次我要回国，女儿半夜起来在上面画了一个大大的爱心，里面一共有25个小格子，每过一天她就填色一格，当爱心被颜色填满的时候，就是妈妈回来的时候。这个画板很便宜，没有豪华的装饰，但它却承载了我们家最大的仪式感。

仪式3：睡前的拥抱

很多身体上的疼痛大多是心理压力带来的，东方人常对身体接触感到排斥，但是肢体接触其实能有效缓解我们的压力和沮丧情绪。于是，我不再吝啬拥抱，更不会觉得害羞。

现在，我会给妈妈擦乳液、面霜，拉着她的手聊天。当我的手触碰到她的皮肤时，我觉得幸福，妈妈说她也觉得很幸福。因为身体上的接触不仅可以释放压力，更能链接情感。在每天睡前，我都会抱一下我的女儿，顺便和她聊几句。

当你熟悉拥抱后，你会发现拥抱和拥抱是不一样的。快乐时，悲伤时，生气时，身体接触那一刻感受的能量场都是不同的。你们甚至可以不说话，只是安静地抱着。拥抱胜过千言万语。

仪式4：幸福小纸条

有一次我因事需独自回国，发现票夹里有一张小纸条，打开一看，是我老公写的："我知道你现在压力很大，一定很烦躁，但凡事尽力就是最好的结果。家里有我，不用担心，你安心处理你的事情。"

瞬间我的心不再慌乱，那张纸条好像是大海里的挪亚方舟，给了我满满的希望和依靠。这就是小小一张纸条的力量和温度。

上个月我收拾杂物时，发现读书时写的一些随笔。本子的第一页夹了一张字条，是妈妈在2002年写的："小凝，凡事不要思虑过重。世界没有那么复杂。你要把健康放在第一位，其他的都不重要。"

22年后突然看到妈妈手写的信，除了幸福还是幸福。

我们家的纸条内容包罗万象，从"早餐在锅里"到"你的袜子太臭了"。

女儿去比赛时，我会在她的化妆包里塞张字条："不化妆都很美，化完妆定要赢了天下。"

吵架后，老公会在我的方向盘上贴一张手写的"对不起"。

我和女儿讨论过科技和AI对我们的影响，我们支持科技发展并愿意融入其中，但现实的私人生活里，还是不要全部科技化、AI化。我们家有一半的窗户使用的是电动窗帘，但有风景的那几扇窗户用的都是手动的。女儿说她也喜欢听窗帘环扣摩擦的声音，伴着渐渐漏出的风景，美好而有温度。笔和纸的摩擦，总比键盘的敲打声来得温柔长久。

在写这段文字的时候，我脑子里一直蹦出女儿拿着一张粉色的便签，靠着门框调侃我："妈妈，你是在跟我道歉吗？"

我相信我们家的人在看到超市里五彩的便签时，眼睛里全是独特的回忆。这就是生活中的仪式感。

仪式5：每年一次的合影

每年圣诞节，我都会收到美国朋友的卡片，通常是结了婚的朋友。卡片当然全是全家福，可以是正式的、搞笑的、带宠物的，也可以是展示一年成就的。我的邻居每年夏天都会请摄影师到家里的草坪上拍摄，背景就是自己的房子。每年一张照片，见证着孩子们的成长变化。

我喜欢随性些的、搞笑一点的，比如度假时的随拍，还喜欢把女儿比赛的照片加上，还有我的两只猫。

拍完后我们会把照片打印成明信片，邮寄给四面八方的友人。用传统的方式告诉大家：我们很好，勿念。

仪式6：特别的日子

特别的日子，固然要有仪式感。但不一定要耗费很多时间和钱，重点是要有家庭特色。

在我喜欢的一部剧集里，主角在过生日的时候，妻子会用煎炸过的培根拼出他的年纪。当这件事总在生日那天发生，就成了家庭特色。

受到启发，每年女儿的生日我都会做一个超大的笑脸小熊美式松饼。女儿那天早晨要在床上吃完早餐。

我们也可以创造有特色的仪式感。日后孩子有了家庭，他也会把这些仪式感传承到自己的新家庭。

仪式7：专属时光

在孩子的养育问题上，父母与孩子的亲密度一定不一样。这个"专属时光"，是专门打造给疏远的一方与孩子独处时用的。

比如在我家，女儿与我的亲密度是高于她和爸爸的。从女儿上小学开始，我就刻意让老公去建立这个专属时光。他们的专属时光是偷偷跑去星巴克。

很长时间里，女儿把星巴克叫作"跟爸爸的秘密"。上高中后，她会约爸爸一起去星巴克吃早餐。她曾坦言，觉得妈妈陪她去星巴克就是感觉很怪。因为星巴克是属于她和爸爸的。所有的距离在专属时光里都被拉近了。

仪式8：特别的手势

我们经常会在电影里看到，一家人很兴奋地一起做个特别的手势或者复杂的击掌。我们家是顶脑门，一边顶一边摩擦额头。

这个动作很亲昵，甚至可以感受到对方的呼吸。

有一次老公对着猫也这样，刚巧被女儿撞见。女儿吃醋地怒道："你不可以跟猫那样，只可以跟我和妈妈这样！"小小的习惯不知从什么时候有了专属特质，我相信女儿不论身在何处，看到这样的动作都会想起我们一家三口在一起的时光。

>>> 第二部分

别让你的爱成为孩子的枷锁

被请下神坛的父母

"儿孙自有儿孙福，莫为儿孙做马牛。"这句话告诫我们，作为父母不应该过度控制子女的生活，而应该让他们自由地追求自己的幸福。尊重和理解是建立良好亲子关系的基础。父母应该尊重子女的个性和需求，理解他们的想法和感受，而不是一味地将自己的期望强加给子女。过度控制会扼杀子女的自主性和创造性。父母应该学会放手，让子女在适当的范围内自由探索和成长。

在我们的生活中，有一种关系似乎天生就带着神圣的光环，那就是父母与子女的关系。然而，近期的一项全球心理调查问卷的结果却让人大跌眼镜：在许多国家，父母通常位列子女最尊敬的人前三；而在我们国家，爸爸的平均名次是第十，妈妈则是第十一。相信很多家长看到这儿都会忍不住感慨：为何我们付出良多，却未能在子女的心中占据应有的位置？

这背后的原因固然复杂，但有两个因素不容轻视。

首先，"控制"无疑是一个关键因素。许多父母事无巨细地控制子女的生活，从日常饮食到学习、工作，甚至婚姻，都希望子女能按照自己的意愿来安排。这种控制不仅源于天生的人格因素，也受到原生家庭的影响以及社会方方面面的压力。然而，正是这种密不透风的控制，让我们失去了子女的尊重。

其次，作为家长我们也要意识到，配偶在子女心中的地位同样重要。你如何看待你的配偶，也影响了你的孩子如何看待你的配偶以及如何看待你。在现代社会，我们被鼓励要独立、要自主，活出自己的样子。然而，在婚姻中，过度的独立却可能导致夫妻貌合神离。我们需要明白，婚姻需要的是相互的尊重和理解，而不是各自为政。

对于任何一段关系，无论是亲情、友情还是爱情，仅仅有爱是不够的。我们必须学会尊重对方，理解对方的需求和期望。如果我们希望成为子女或配偶心中最尊敬的人，那么我们就需要努力让自己拥有那些他们所尊敬的人的共通特质，如理解、包容、支持和鼓励。我们要明白，一段长久的关系必须建立在相互敬仰甚至崇拜的基础上。这并不意味着我们要放弃自我，而是要学会在彼此的成长中找到共鸣和喜悦。只有这样，我们才能真正走进彼此的心中，成为对方生命中最重要的人。

别让你的爱成为孩子的枷锁

成就你的孩子，而不是控制你的孩子，别让你的爱成为孩子的枷锁。

相信很多家长都有这样的苦恼，面对自家的"熊孩子"总是忍不住勃然大怒，事后又难免自责，怀疑自己是不是一个"坏妈妈或坏爸爸"。导致这种情况的原因有很多，其中一个就是"控制型人格导致的控制性教育"。

事实上，我们大部分人都有一些控制型人格的倾向，包括我自己。因为我们所受的教育和所给出的教育在很大程度上都是"控制性教育"。控制型家长最明显的一点就是，即使孩子的决定没有任何害处，只要家长看不惯，就会加以干涉。

第一种是直接暴力型家长，总是无意间让孩子感到恐惧，给孩子压迫。比如这类家长会经常对孩子说出："你今天要是敢做这个事儿，我就打断你的腿。为什么？因为我是你爸。"在这种压迫下成长的孩子，无法自由地做出自己的决定。

第二种是站在道德制高点上说话的家长，经常会说一些让孩子感到内疚的话。比如："你要是不听我的，你还算是个人吗？你就是对不起我。""我这样做都是为了你好，我为你做了这么多，你做决定的时候不以我的感受为主，你的良心被狗吃了。"这种情况下就算孩子听了家长的话，也是因为没得选择，不得不顺从父母的意愿。

第三种家长很喜欢以弱者姿态去胁迫孩子。这类家长可能会说："妈妈心里很难过，最近心脏也不好，晚上不吃安眠药都睡不着的。但是没关系的，你不用管我，你去吧，追逐你的梦想吧。"这种话语让孩子感到愧疚和不安，从而不得不放弃自己的追求来满足父母。

身为父母，我自然也明白父母的初衷肯定是为了孩子好。但问题是，在这种情形下成长的孩子日后很可能会发展成控制型或者被控制型人格。当面对一个强者的时候，他会情不自禁地变成一个被控制的人，就像他当年面对自己父母时的样子；当面对比自己弱的人时，他又会变成一个控制者。他的所作所为都不是基于他的自我价值，如果长久缺少自我价值感，那么他自然无法建立起稳固的自我认同。

我也反思过自己对孩子的控制欲。后来发现，是因为我把自己的喜怒哀乐建立在了一个超级变量的基础之上，而这个变量又不由我掌控。我是我，我的丈夫是我的丈夫，我的孩子是我的孩子，除了自己的家庭角色之外，我还要有让自己认同自己的东西，这样才能改变控制型人格。每次我想发脾气的时候都会刻意去思考一件事情：我的事情和别人的事情、我的快乐和别人的快乐之间的界限到底在哪里？只有当我们能够清晰地划分出这些界限时，我们才能真正做到不侵犯他人的领地，也不让他人侵犯我们的领地。

为什么孩子总是对你不耐烦

别让你的关心，变成孩子反感你的条件反射。

女儿身边有这样一个女孩，我们暂且称她为M。她是那种典型的美式甜心女孩，对所有人都彬彬有礼、热情有度。然而，每当她的妈妈开口说话时，她的表情就会变得不耐烦，甚至有些轻蔑。如果妈妈的想法稍不合她的意，她就会用各种尖酸刻薄的话语回应，恶语相向。

有一天在跳舞的间歇，所有的妈妈都去送餐，M的妈妈也不例外。女儿告诉我，她亲眼看到M歇斯底里地咒骂她的妈妈，当时她吓得不知所措，端着饭盒下意识地退后了几步。而M转身对她说："别担心，我不会这样对你的。我也不知道为什么。你知道我有多讨厌自己吗？我妈妈刚才给我送吃的，我比谁都知道她是这个世界上最爱我的人，可是我做不到感谢她。她一开口，不管说什么我都烦！我很羡慕你，你看你刚才不仅对妈妈说了谢谢，还抱着她撒娇。我做不到，上一次我跟我妈妈这样亲密，应该是小学一年级的时候吧。"

女儿回家后问我："妈妈，她们家究竟发生了什么事？"我并不觉得M的妈妈有什么问题，也不觉得M有什么问题。母女之间这些看不见的仇恨，往往源于"条件反射"和"环境投射"的双重作用。

有一个心理学实验是这样的：猴子爱吃香蕉，但只要它们一碰香蕉，就会挨电击。时间久了，这些小猴子不仅开始拒绝吃香蕉，甚至一看到香蕉就会感到惊恐和烦躁。实验结束后，这些猴子被移到正常的居住环境中，这时的香蕉是无电的，但这些猴子看到香蕉仍然会感到惊恐和烦躁。后期它们甚至会主动攻击香蕉，想办法把这些甜美的香蕉弄出笼子。这就是猴子对香蕉的条件反射和环境投射。

而M就是那只被驯化的猴子，妈妈就是那根带电的香蕉。M妈妈的"电击"武器是啰唆与过度关怀，很多家长都容易犯这个错，我也一样。我会担心女儿的作业、穿着冷暖、吃饭快慢等等。但每当看到孩子眼中流露出一丝不耐烦时，我就会想起那些被电击的猴子。

毫无疑问，我是爱我的女儿的。因此我要时刻提醒自己：不论何种形式的爱，都需要克制有度，这样才是真正爱对方；否则肆意妄为只是在爱自己而已。正因为我深爱着孩子，所以我在我们之间划了一道爱的分割线，以保持适当的距离和尊重彼此的独立个体性。

近几年网络上有一句话非常流行："糟糕的家庭就是在小事上消耗孩子。"第一次看到这句话时，我也感触颇深。我的老公是一个心思细腻、爱整洁的人，而我们的女儿在5岁之前常常因为收拾玩具、房间以及吃饭掉饭粒等小事受到爸爸的责备。有一段时间甚至发展到我和妮妮看到爸爸快下班了，就开始风风火火地收拾房间以避免来自爸爸的"爱的电击"。然而这种紧张的氛围让孩子感到压力和不安，她小小的手看起来那么慌乱，眼神那么不知所措。这让我意识到必须做出改变。

　　于是我开始与老公沟通并指出他的问题所在。我告诉他："要么你改掉这些毛病，把烦人的啰唆咽在肚子里，要么我们就一拍两散！我没办法生活在你细致入微的生活规划里，我也不希望我们的女儿生活在这样的环境里。"经过一番努力和调整之后，我们终于找到了一个平衡点。现在妮妮已经15岁了，在我们家说话最有度的反而是爸爸，"点到为止、不啰唆"是女儿给他的评价，而这个评价也代表了他的人格成长和进步。

孩子的小爱好里藏着大收获

一个人的成熟不是看他经历了什么，而是看他如何理解自己的经历。作为家长，我们往往只关注孩子的未来，却忽视了孩子当下的想法。

我的女儿很喜欢跳舞，但是否让她坚持跳舞这件事，也曾经困扰过我。国内很多家长在孩子面临升学的压力时，都会选择让孩子放弃跳舞。一般来说，在这个节骨眼儿还坚持跳舞的孩子只有以下两种：一种是热爱舞蹈、天赋异禀，打算将舞蹈作为未来职业；另一种则是虽然不以此为生，但希望通过这个特长进入一所好大学。然而，女儿并不属于这两种情况。而且，如果女儿选择继续跳舞，那么我们无论是在金钱还是时间方面的投入都将会翻倍。

　　相信很多家长都曾担心过孩子把过多时间放在爱好上会影响他们未来的发展，但对此我有不同的看法。

　　首先，我非常看重孩子的时间观念。团队生活让我的女儿明白了守时的重要性，只有懂得尊重别人时间和安排的人，才能得到别人的尊重。

　　女儿在平衡爱好和学习生活的过程中学会了自立，通过整理建立了对生活的秩序感，让她学会独立自主而非凡事由他人代劳。

　　最让我欣慰的是，女儿在这项爱好中学会了管理自己的情绪。很多家长都习惯帮孩子处理她的人际关系，一开始我也不例外。我总是替孩子和她的教练沟通，但是去年开始，女儿告诉我她可以自己处理这个问题。这就是成长，是金钱买不来的。

　　还有一点令我意外的是，爱好帮孩子告别了物质攀比。当身边的小伙伴买了最新款的手机、电脑和名牌包，让孩子主动放弃攀比其实是一件很难的事。然而，女儿对舞蹈的追求，让她有机会体会到自信、成就、目标达成以及被认可所带来的快乐，这种快乐远不是一件物品能带来的。

很多家长都认为爱好会分散孩子的精力，但其实孩子在为爱好付出的过程中，会得到很多成长，这些可能比一时的成绩更重要。每一位家长都不应随意剥夺孩子得到成长的机会。

别随便给孩子下定义

"小时偷针，大时偷金。"这句谚语虽然流传甚广，但实际上过于绝对和片面。孩子的行为并非一成不变，他们有着极大的成长空间和改变潜力。对孩子来说，自尊心是他们成长过程中的重要心理支撑，因此，任何可能损害孩子自尊心的教育方式都应该被谨慎对待。我们要管教孩子，更要坚持对孩子进行"正面管教"，即在强调尊重和理解孩子的基础上，通过设立合理的规则和界限，以及提供必要的支持和引导，来帮助孩子成长为有责任感、自律和有能力的人。

很多人可能都看过一个视频，一个小女孩在超市里拿东西被父亲发现后，被带回超市当众批评。这个视频居然获得4万多个赞，意味着有4万多人认同这位父亲的做法。然而，这种认同可能基于一种过时的观念，即"小时偷针，大时偷金""三岁看到老"。

事实上，对于孩子拿东西这个问题，我们需要根据孩子的年龄段来理解。0到3岁的孩子，他们对基本的物权概念都是模糊的，分不清你的、我的，更别提公共的、公家的还是私人的了。因此，这个年龄段的孩子并不存在偷窃行为，他们的所有行为大多只是出于好奇心。

而到了2到6岁这个年龄段，孩子开始逐渐建立物权概念，道德感和规则感开始萌芽。但这个年龄段的孩子仍然面临着好奇心过重的挑战，他们可能会因为好奇而做出一些违反规则和道德的事情。视频中的孩子很可能就处于这个年龄段。

虽然这位父亲的价值观没有问题，但他的教育方式却是一个大忌。任何教育都不能以牺牲孩子的自尊心为代价。正确的做法应该是在保护孩子隐私和自尊的基础上，对他们进行规则和道德的教育。这可以通过将孩子带到一个无人的地方，私下里与他们进行沟通来实现。

总的来说，6岁之前的孩子犯下这样的错误是可以理解的，因为这与道德无关，主要是出于好奇心。但是，当孩子的年龄超过7岁时，我们就需要多注意他们的行为了。不过，即使孩子犯了错误，我们也不应该轻易地给他们贴上"无可救药"的标签。相反，我们应该以开放的心态来理解他们的行为，并给予他们正确的引导和教育。

每个人都需要"边界感"

在生活中即使面对我们最亲的人，也存在边界感这个问题，但这被我们大多数人忽视了。正视亲人、正视自己对边界的需求，能让你拥有良好的家庭关系。

在当代社会，已婚男人常常会展现出两个特点：一是频繁上厕所，二是选择性耳聋。我老公也不例外，但当他表现出这些行为时，我通常会选择给予他一些空间。这并不是因为我特别宽容，而是我观察到，在许多国家，男性都有类似的行为模式。幸运的是，他们拥有一个被称为"男人角"的地方。

"男人角"通常是家中的一个角落，可能是地下室的一角、车库，或者是一个小房间。为什么全球男性都有这样的需求呢？这是因为男性，更准确地说是雄性动物，具有领地性。当他们感到自己的领地或边界受到侵犯时，他们要么坚决反击，要么选择自我保护。躲在洗手间、躲在"男人角"、选择性耳聋，都是男性自我防御的一种体现。

然而，当女性或孩子的边界感被侵犯时，他们是否也有类似的无意识自我防御机制呢？答案却是因人而异的。有些人有，有些人没有。对于那些没有这种机制的人，情况可能会不太妙，因为他们的身体可能会做出一些反应。

有些孩子在进入考场时，由于心理上感到不适，会突然出现高烧或呕吐的症状。这是因为当大脑感知到心理不适时，会发出信号让身体做出应激反应，以示警告。那么，对于那些常年边界感受到侵犯的人，大脑会发出什么样的信号呢？它可能会告诉身体放弃某些习惯，以保护个人的整体健康和精神状况。这就是为什么有些人说，一个耳聋的老头通常会有一个碎嘴的老伴；一个体弱多病的孩子，通常会有一个控制欲极强的父亲或母亲。人的边界感都不是一下子被破坏的，而是一点点被蚕食的。

一个婆婆想要干涉儿子的婚后生活，她通常不会一开始就直接插手投资理财或生活方式等大事，而是从嘘寒问暖、柴米油盐等小事做起，打着人情味的旗号逐渐侵蚀边界。父母破坏孩子的边界感也是同样的道理，从穿衣吃饭开始，一步步进军到孩子的兴趣爱好、学业、婚姻甚至人生的所有方向。

如果我们发现孩子周围有这样一个忍不住的"大家长"，那么我们必须让孩子学会建立和保护自己的边界感。边界感的建立主要在3~6岁，边界感是分等级的，有看得见的（如物体和身体上的）和看不见的（如精神上的）。我们应该从看得见的边界开始，逐渐引导孩子理解并保护自己的边界感。

当孩子觉得边界被侵犯时，他们可能会感到无助和困惑。但通过学习和实践，他们可以学会如何得体又不得罪人地保护自己的边界。很多人嘴上挂着尊重两个字，但如果不懂得什么是边界感，那么尊重就只是一句空话。因此，我们应该教育孩子理解和尊重他人的边界，同时也要学会保护自己的边界不受侵犯。

别让你的婚姻影响孩子未来的选择

孩子是通过观察性学习来理解他人的行为进而形成自己的观念的，父母是否在婚姻中扮演了一个协同发展的角色，不仅影响这个家庭的物质水平和精神水平，也直接影响孩子对健康婚姻关系的理解和孩子的未来选择。

前两天，女儿妮妮的一个好朋友的父母离婚了，她回家后向我提出了一些问题，让我意识到这个问题或许并不那么简单。

妮妮问我："妈妈，人为什么要结婚？"我回答她，因为彼此相爱。她又问："那为什么要离婚呢？"我告诉她，那是因为不爱了。她接着思考并提出："那就是说，随着时间的推移，两个相爱的人有可能会慢慢不再相爱，这个时候就应该分开。那结婚有什么意义呢？相爱就在一起，不爱就分开。"

孩子的话让我深思。她说得并没有错，这确实是很多人离婚的原因。然而，我转念一想，如果这一代孩子都持有这样的观念，即只要两个人不相爱，无论是否结婚，都应该分开，那么世界会变成什么样子呢？

当个别现象变成普遍现象时，我们曾经坚信的真理是否还站得住脚呢？这让我想起了曾经看过的一个婚恋类节目。它提到，两个人结婚的终极目的是协同发展。协同发展是指通过合作，使双方个体的价值达到最大化，并创造出意想不到的价值。就像狗和人类的合作关系一样，狗通过与人类合作，实现了自身的进化并获得了更好的生活。

因此，我告诉女儿，婚姻不仅仅是基于相爱，更重要的是为了通过长时间的磨合和协同发展，最终达到价值的最大化。当孩子意识到周围有很多人离婚了，他们可能会感到恐慌。作为父母，我们需要给孩子吃一颗定心丸，解释家庭中的一些状况。例如，我会告诉孩子，虽然我和爸爸经常吵架，但我们不会离婚，因为我们在磨合、在协同发展。父母有必要让孩子了解婚姻的真相：相爱是远远不够的，还需要协同发展。我们不能只想着婚姻能给我们带来什么，还要思考我们能给对方带来什么。

当孩子"早恋"了，你该怎么办?

谈到学生时代的恋爱，很多家长的第一反应可能是要加以管制，甚至在刚有苗头时就予以掐断。然而，我们真的能够通过强权来控制孩子的感情吗?

随着青春期的到来，荷尔蒙的作用使得每一个孩子都可能萌发出爱的冲动。当他们发现自己这份自然的情感反应并不受到家长的支持时，他们可能会选择在其他方面，以其他形式进行更为激烈的反抗。或者，他们可能会选择顺从，将这份情感转变为单恋、暗恋、地下恋，最终可能会面临失恋。这些恋爱形式，与正大光明的恋爱相比，耗费的精力可能是相等的甚至更多。因此，单纯依靠管制是无法解决孩子的恋爱问题的。孩子可能会将他们的恋爱转变为一种家长看不见的形式。那么，作为家长，我们应该如何应对呢？

我们可以通过"赋权增能"的方式来解决孩子的恋爱问题。我们需要明确我们最担心的是什么。常见的担忧包括：恋爱会耽误学习，过早发生身体接触并产生后果，以及孩子可能会受骗。只要我们能够提出一个方案来解除这些担忧，那么孩子的恋爱也就可以被接受。

第一步是增能，其中包括科普知识和分析利弊。当孩子开始对异性产生兴趣，比如开始注意自己的外表和穿着打扮时，我们就应该开始对他们进行爱情教育。我们需要与孩子进行深入的交流，讨论诸如他们想象中的爱情是什么样子，什么样的人不适合成为恋爱对象，如何处理表白被拒绝的情况，当父母老师都认为恋爱会耽误学习的时候他们打算怎么做，如何证明恋爱并不会耽误他们的学业，当两个人都萌生喜欢的时候如何处理，如何应对恋爱中的嫉妒和吃醋，明确恋爱是否一定要发生身体关系，以及分手或被分手时应该如何应对等问题，引导孩子自己写出来恋爱的利和弊都有哪些。

第二步是让孩子在"阶段目标利益最大化"的基础上做出选择。我们赋予孩子权利去做决定，但他们的每一个决策都不能违背目标利益最大化。这就要求孩子必须清楚自己当下的人生目标是什么。

第三步是在孩子做出选择后，我们应无条件地支持他们的选择。数据显示，70%~80%的孩子都会选择不表白，即将感情转变为单恋或暗恋。在这种情况下，孩子其实非常渴望交流和理解。我们需要通过交流来了解孩子的爱情观以及他们对自我价值的认知是否发生了扭曲。

对于选择恋爱的孩子，我们需要时刻提醒他们，在恋爱中的每一次抉择和行动都必须遵循"阶段目标利益最大化"的原则。当他们违背这个原则时，他们将会失去所有的权利。面对孩子的爱情，我们的态度应该是既不鼓励也不禁止。这就像当孩子要通过一条马路时，我们的责任是告诉他们过马路的交通规则，违反交通规则的后果，过马路时可能出现的问题以及如何应对这些问题。受过爱情教育的孩子，我相信他们一定会做出明智的选择。

　　只有当家长保持冷静开放的心态，认真倾听孩子的想法，在孩子看来合情合理的界限上为孩子提供引导，孩子才能把你看作是可以商量的人，你和孩子的信息通道才不会被封闭。

有时候我们其实并不需要"独处"

你需要的可能不是独处，而是通过适度的社
交活动提升幸福感和生活质量。

前段时间我收到一条来自老朋友的信息，信息上她这么说："我离婚了，孩子跟他。你别劝我，也别骂我。我去××市了，余生我要活成我想要的样子。"看到这条消息，我真是既气愤又无奈，气的是她不听劝告，无奈的是她似乎一直在原地踏步，无法摆脱困境。

我这位朋友在很多年前就开始了一种特别的生活方式——独处，也就是宅在家里。她几乎不出门，从朋友圈来看，她每天都在修身养性，沉浸在一个人的世界里，过着风花雪月、诗情画意的生活。说实话，我也非常喜欢独处。我可以连续七天不出门，天天在家画画，专注于自己的兴趣爱好。谁不喜欢"岁月静好"呢？在我独处的时候，我觉得这就是我想要的生活。

问题是，这种生活方式对于家庭和孩子来说，真的合适吗？在英文里有一个词叫作"vibe"，指的是一个人所散发出来的气场对周围环境所造成的影响。如果女主人安静内敛，家庭氛围可能会显得沉闷；如果女主人活泼开朗，家里必定会充满欢声笑语。当你选择独处的时候，你是进入了自己的心理舒适区，但这个舒适区也是你的家人和孩子的舒适区吗？是你们婚姻、家庭的舒适区吗？

可能有人会说："我真的不是故意的，我就是这种性格，有一点社交恐惧。"我和你说这么一件事：其实很多小孩对蛋黄、坚果或者牛奶过敏。很多家庭在这时候反而会做这样一件事，就是给孩子"脱敏"，也就是每天给孩子加一点这些东西，让孩子的身体逐渐接纳、适应这个过敏原。解决社交恐惧，就像我们给自己进行心理脱敏，需要我们通过暴露自己来克服。

40岁之后，我每年去做体检时，医生都会多问一些问题："你的情绪是否经常波动起伏？你有没有能力控制这种情绪？你是否有厌世的想法？"每次他都会提醒我："你要多出门参加聚会，哪怕是毫无意义的；你要多运动多跑步，哪怕你一点也不胖。"

有了女儿之后，我开始跑步。能坚持10多年不是因为我有多么勤奋，而是我从生完孩子的第一年开始就意识到我的情绪起伏变大了，而运动真的能帮我调节情绪。很多时候我都是满心愤怒、委屈地含着眼泪跑出去的，但是很快我就发现身体开始发热了，心也开始变暖了，大脑开始有能力进行理智的正向思考了。

为什么我不建议独处呢？因为关上门，再怎么修炼也得不到岁月静好！独处的世界都是你一手打造的。中年人的焦虑其实跟孩子的青春期一样都是每个人必须经历的，不同的是青春期有老师和家长护着我们，而现在的中年焦虑我们必须要自己扛过去！下次我们想要独处的时候可以问问自己，是真的需要独处还是想要逃避眼前的情绪和问题。

不要忽视孩子的"愤怒"

孩子被骂后的反应里藏着孩子的秘密。

孩子在被家长批评后，会有各种不同的反应。这些反应不仅体现了孩子的性格，也反映了他们的心理状态。了解这些反应，并学会妥善应对，对于家长来说是非常重要的。

第一种孩子，可能哭着哭着就睡着了。这类孩子往往具有逃避心理，希望一觉醒来一切都能好转。然而研究表明，带着负面情绪入睡会加深负面记忆，长期如此可能影响孩子的性格和情绪管理。因此，家长应避免在睡前训斥孩子，尤其是那些易怒、敏感、肠胃不太好的孩子，更应确保他们开心入睡。

第二种孩子，脾气暴，可能有破坏行为或躲起来玩消失。这类孩子具有报复心理，对家长的批评会产生强烈的反感。在这种情况下，家长要引导他们以正确的方式去表达，如听音乐、向他人倾诉或跑步等。

第三种孩子，可能既不认错也不争辩。这类孩子内心觉得不公平，不服输，敢于挑战权威。面对这样的孩子，只要是非原则性的问题，建议家长可以做出适当的让步。性格刚烈却有主见的孩子，在成长的过程中是一定要打败一个人的，这个人就是跟他关系很好，给他很多安全感，同时在他心里地位和威信都非常高的人。就像我跟女儿的关系，如果说我期望女儿有一天走出家门，有胆识去挑战这个世界，那么今天我必须允许她先来挑战我。如果我希望女儿将来可以打败很多人，那么她今天一定要先打败我。

第四种孩子，可能会一边哭一边往家长怀里钻，嘴里喊着"我错了"。这类孩子非常害怕因为犯错而被抛弃。对这类孩子，家长在正常的教育之后，一定要抱抱孩子，告诉他们爸爸妈妈还是很爱他们的，不会因为他们犯错误就不要他们了。这样做可以让孩子感受到家长的爱和支持，减轻他们的恐惧感。

当孩子被排挤了，你该怎么办?

有些伤害是外伤，有些伤害是内伤。家长要做的就是帮孩子减少内伤，让他们能更勇敢地面对自己的人生，越战越勇。

当孩子遭遇隐形霸凌，如被排挤、嘲讽或造谣等行为时，作为家长，我们需要保持冷静。这是孩子成长过程中的一堂重要课程，他们需要通过这次经历来学习和提升社交技能。

当孩子和你诉说在学校的经历时，我们要尽量避免使用一些否定或指责性的语言，而是要用理解和共情的态度来倾听他们的感受。例如，当孩子向我们诉说被排挤的经历时，我们可以说："天啊，怎么能发生这种事！""我小时候也经历过类似的事情，太难受了。"通过这样的回应可以让孩子感受到我们的理解和支持。

第一，孩子必须学会做的第一件事叫还击，也就是捅回去。这需要家长跟孩子在家练习，跟孩子模拟练习各种场景下，听到各种尖酸刻薄的话，如何捅回去。因为所有的霸凌者都有一个共性，即想通过欺凌行为获得关注，并证明自己的控制能力，当这两个基本的欲望得不到满足时，霸凌者就会放弃目标，然后选择下一个弱者进行欺负。隐形霸凌实施者，在被质问的时候，通常会否认自己的行为，父母在家一定要跟孩子好好演练这种情况下如何掷地有声地反击。

第二，父母要帮孩子找同盟。你的孩子一定不是唯一一个受到排挤或者对霸凌者有意见的人，此时找一个同盟者非常重要。目的之一，真的是为了结盟来反对霸凌者；目的之二，孩子此时非常需要有一个经历相似、感受相同的人，作为情绪宣泄的出口。

第三，父母一定要马上让孩子去做一些他喜欢并擅长的事情。因为这个时候，孩子比任何时候都需要看到自己的价值，真真切切感受到别人对他的肯定、认可和赞赏。

而且孩子也要思考，什么是友谊？真正的友谊是什么样子的？这些校园霸凌的实施者为什么想做并敢做这样的事情，他们想通过这些霸凌行为满足自己什么样的心理需求呢？到底是什么特质会吸引这些霸凌者，什么行为会让他们得寸进尺？

作为家长，也要反思以下几点。

第一，家长不能剥夺孩子在家里的选择权和自主权。如果你的孩子在家里总是受你压制，那么很有可能当他在外边面对霸凌时，他没有能力和勇气为自己发声、为自己挺身而出。家长作为孩子要面对的第一个权威，更要培养孩子挑战权威的能力。

第二，扩大孩子的朋友圈。孩子的朋友圈不能局限于学校，我们的亲朋好友、邻居，孩子的课外班、兴趣班，都需要有固定的朋友圈。当一个圈子出现问题，孩子开始质疑自己的时候，我们可以用其他圈子去说服孩子，问问孩子在其他圈子的朋友是怎么看他的，从而帮孩子重新找到自己的位置。

　　当孩子遇到霸凌的时候，父母可以尝试通过演习的方法帮孩子解决问题。首先，让孩子把自己可以采取的措施都列出来，然后让孩子从这些措施里选取一个自己愿意尝试的并解释自己的理由。其次，再让孩子总结自己选择的措施有哪些利弊。通过带领孩子演习，他们就能对如何解决问题以及可能遭遇的结果有一个初步的认知。结果可能并不乐观，但是我们为什么还要这么做呢？

　　人类最大的恐惧是不可预知和不可控制。如果受伤是不可避免的，那不如陪孩子提前演习，让他做好心理准备。有心理准备的伤害都是外伤，没有内伤的孩子一定会越挫越勇。

你对孩子的爱是有条件的吗？

你对孩子的爱是有条件的吗？很多家长都会斩钉截铁地回答："当然是无条件的。"但问题是，很多时候你不恰当的行为不仅让孩子误会了你，也给孩子日后的生活增加了阻力。

我曾刷到过这样一个视频，视频里一位爸爸将一堆未整理的玩具丢进了垃圾桶，引发了网友的热议。有的支持，有的反对。那么，究竟这位爸爸的做法是对是错呢？

我想和你们分享这样一个故事。汤姆和玛丽是一对恩爱的夫妻，但最终他们却因为臭袜子而走向离婚。汤姆有个习惯，一进门就脱下袜子丢在门口，而爱干净的玛丽则希望他能将袜子放进脏衣篮。两人因此争执不休，最后去看了婚姻咨询师。咨询师指出，他们婚姻问题的根源在于两人从小接受的都是有条件的爱。

玛丽因为父母的严格要求，潜意识里认为只有保持整洁才能被爱。而汤姆则通过潜意识测试玛丽是否无条件地爱他，所以故意将袜子丢在门口。当父母因为孩子不整理玩具而丢掉它们时，他们可能认为这是在教孩子规矩和好习惯。然而，孩子从中可能感受到的是：因为房间有点乱，你就可以牺牲掉我的最爱。在孩子看来，他们的快乐似乎没有房间的整洁重要，父母的爱似乎是有条件的。

视频里的父亲为了立规矩选择把孩子的玩具扔掉，与其评论他的做法对不对，我反而想问：难道没有更好的方法吗？比如与孩子一起整理、设立更合理的规则等，而不是简单粗暴地丢掉孩子的玩具。与其让孩子在小小年纪感受到威胁和惩罚，怀疑父母对自己的爱是不是有条件的，不如让孩子通过这件小事感受更多的关爱和支持。

孩子的格局从哪里来？

格局是什么呢？格局是"安得广厦千万间，大庇天下寒士俱欢颜"。一个人的格局不是一下突然形成的，而是在不知不觉间，潜移默化塑造的。

近年来，"格局"这个词越来越频繁地出现在我们的视野中。然而，对于许多父母来说，孩子的教育问题已然让人焦头烂额，更别提培养孩子的格局了。他们可能认为，格局这种高大上的概念离自己的生活太遥远。其实，格局并不是什么遥不可及的东西。它无非就是一个人看待问题和处理事情的方式和视野。而这种方式和视野的形成，往往源于我们日常生活中的点滴积累和言传身教。

让我分享两个小故事。小明和小强的妈妈最近都大病初愈，她们对自己的形象感到不满，两个孩子也都是孝顺孩子，都表示愿意自己掏钱，让妈妈去做疗养。

小明的妈妈听后开心地说："宝贝你长大了，知道心疼妈妈，孝顺妈妈了，小嘴真甜会说话。以后有媳妇你要这么哄，你会有享不完的福。"

小强的妈妈说了这样的话："宝贝你长大了，知道怎么去照顾你关心的人了。你这么懂事有责任心，我相信在你周围的人都会觉得非常幸福和有安全感。"

当孩子在关心他人、为他人着想时，他们的格局已经在悄然形成。如果孩子心里的这些小算盘只能盘算自己这点事儿，或者顶多是自己的三代五服，那么这其实就是小市民的算计。但只要出了自己的三代五服，这小算盘呈放射状，让自己周边的人或者周边的环境开始受益，这就叫格局。人的心有多大，肩膀能扛多少事，往往都是命中注定的，那孩子的这个"命"又是哪里来的呢？来自周边人的"嘴"。

家庭是孩子最初接触社会的地方，父母的一言一行都会对孩子产生深远的影响。如果父母能够以身作则，用自己的言行来引导孩子关心他人、承担责任，那么孩子的格局自然小不了。

从孩子的角度看问题

你养的是孩子，而不是宠物。

我和女儿一起看过这样一个视频，视频里一个歇斯底里的小男孩对着自己的家长大喊大叫："菜我也买了，事我也做了，你到底还有什么不满？"

于是我问女儿，她怎么看待这件事。

我说："他爸妈不过是让他做点事情，他就跟父母大吵大嚷，他是个被宠坏的孩子。"

女儿却说："也不能这么说，如果是他爸妈每天都逼他做很多他不愿意做的事情呢？不过，即使我觉得有压力，我也不会跟你大喊大叫的。我会好好跟你说，我能改天做吗？我现在觉得压力很大，很难受。你们当家长的，如果听见孩子这么说，就应该让孩子休息一下，让他有点自己的时间和空间。"

我笑了："那要是这小孩只想着放松，只想着玩怎么办？"

女儿说："那就让他放松，让他玩，然后让他自己承受所有的后果。因为你不让孩子承担后果，你总是把事情都安排得很完美，孩子会觉得自己被控制了。这个孩子从出生就一直被囚禁着，这就是为什么他现在看起来像疯了一样。别把孩子关在笼子里。你养的是人，不是宠物。"

孩子考试考砸了，你该怎么办？

没有任何一次考试能影响孩子的一生，而考
试后你对孩子的态度，却能实实在在地影响他
的一生。

第一种错误做法，假装不在乎。和孩子说："没关系，马有失
蹄，下次咱们好好考。"你的无所谓是装的，但孩子的无所谓是
真的。

第二种错误做法，贬损孩子的能力。对孩子说："跟你爸一
样，一辈子都学不好数学，你就没有学数学的脑子。"贬损的原因
很简单，打蛇要打七寸，打人可不能不打脸啊。

第三种错误做法，把"没考好"和"惩罚"关联起来。比如："就这成绩，两个月不准碰手机。"

三种错误做法里最糟糕的就是第三种，因为你改变了孩子前行的方向，你亲手把他的学习目的变成了玩手机。

正确的做法有三步，你做好了，我不能保证孩子一定上清华、北大，但是我能保证你们家一定没有战争。

第一步是和孩子共情。很多人觉得共情很简单，比如，"我知道你很难过"，错！共情是指"我也曾经像你现在这样难过"，你要开始讲故事了。

第二步，看客观现实。比如这次考试的确很难，孩子的确没有发挥好，或者超出了孩子的复习范围。千万不要把成绩和你平时唠叨的事联系到一起，磨蹭、玩手机、上课不注意听讲、不好好写作业，这些事不要现在说。

第三步，和孩子一起找出失分点和失分的原因，用业余时间修补它。然后再跟孩子坐下来讨论，考得不好，是否有学习态度、学习方法、时间管理上的原因，和孩子一起制订一个新的学习计划。

其实，某次成绩不好，只代表孩子这个阶段出现了问题。主要有三个因素：第一个，努力；第二个，能力；第三，情绪。情绪因素，不用说孩子了，成人要是情绪不好，也是做什么事都不顺利。这里还要强调一点，对于每次都考不好的孩子，是不能贬损和批评的，他们最需要的是心理重建和提高自我评价。

赵玉平老师说过这样一句话："我们要学会站在人生的高度上去看现在。"人生那么长，有多少场考试，不要说一次考试考砸了，你就算这个阶段都考砸了，那又怎样？还有未来在等着你！

把是否"叛逆"的选择权交给孩子

与其禁止孩子去做某件事，不如把做不做的
选择权交给孩子。

最近看到几条新闻，说有些未成年的孩子去文身，店家还真的给文了。那么，像文身这类事情，应该什么时候跟孩子聊呢？对于男孩子，最晚11岁；对于女孩子，最晚9岁。也就是说，在孩子进入青春期的时候，就应该跟他们聊了。那么，怎么跟孩子聊呢？直接跟他们说"不可以"，是最没用的方法。我们应该跟孩子说："你可以做，但不是现在。"

几年前我就曾和女儿讨论过这个话题，当时我和她说："我觉得有点儿早，因为你才十几岁。最好等到大学毕业后，因为大学毕业后，你才会知道自己想做什么样的工作。等到了那个时候你就会发现，其实有很多工作或者某一类工作，是不允许有文身的。"

和其他事情相比，文身之所以让家长觉得难以接受，是因为它非常明显，而且很难彻底清除。其实，不光是文身，十几岁的孩子可能对很多父母禁止的事感兴趣，比如喝酒、抽烟、打游戏、谈恋爱等等。为什么呢？因为这个年龄段的孩子慢慢开始有三种心理需求。

第一种叫个性化，就是他们想尽可能地和自己周围的人都不一样，那么文身是可以满足这种需求的。

第二种叫自主化，就是他们不愿意再听老师和家长的话了，想自己做自己的主，文身是可以满足这部分心理需求的。

第三种叫社会化，就是孩子很容易受到和他们接触很多的人的影响，久而久之会不自觉地想要成为那样的人。

每个家庭的教育理念都不一样，如果说上面的事情有一些是你们家的禁忌，那么一定要在孩子进入青春期前就讲清楚、说明白，不能等既成事实再去追责，那就太晚了。

父母要为孩子的圈子适度把关

> 近朱者赤，近墨者黑。孟母为了自己的孩子
> 尚且三迁，为人父母者在某些情况下，要当机立
> 断为孩子筛选他的朋友。

虽说我们不应随便评价一些孩子，但如果你孩子身边有这样的人，请记得一定要绕道走。这件事和善良、人品无关，这是自保。

有一种孩子天生具有反社会型人格障碍。这样的人格障碍在孩子两三岁就初现端倪了。比如说，你给他玩具，他表现出喜欢，但他更喜欢的是破坏玩具时父母那种焦躁不安的表现，别人越是痛不欲生，他越快乐、越兴奋。最近我就接触过这样的孩子，以

下三件事基本上就让我决定把她踢出女儿的社交圈。

第一件事，孩子们在糖果店买了好多怪味糖，要玩糖果大冒险。等他们玩够了要走的时候，我发现其他孩子的座位下面都是干干净净的，只有她的座位下面吐得一塌糊涂。我说："你要把它收拾好，我们才能走。"她说："我不会收拾的，太恶心了。"我说："这是你吐的。"她说："那也很恶心，况且这是店员的工作，不是我的。"当时我虽然觉得这个孩子做得不对，但也是可以后天教育改正的。

后来就发生了第二件事。她在逛街的时候，把小伙伴带到一家奢侈品店。开始她怂恿我女儿买一双400美元的鞋，她这样说的："你就要过生日了，如果你的父母爱你的话，你生日这一天，你想要什么，他们就会给你什么。"于是，当女儿拿着鞋来问我的时候，我直接说："不行，家里没有这个规矩。这个世界上只有自私的人才会把爱和钱挂钩。"这个女孩就去怂恿另外一个女孩，那个女孩说："不行，我妈不让我买这么贵的东西。"她说："没关系，我借给你。"那女孩说："可是我没有钱还你，这东西好贵。"她说："没关系，我会教你怎么赚钱的。"

最后让我决定把她踢出女儿社交圈还是因为第三件事。这个女孩的爸爸算是老年得子，他和我们站在一起时，明显比我们苍老很多。他说他女儿8岁之后，家里就有一个不成文的规定：只要女儿的朋友到他家，这位父亲只能躲在地下室的一个房间里，不可以出来。这还不够明显吗？她以自己的父亲为耻。这样的孩子还能教好吗？能，但我觉得超出了我的责任范围。

我们不能只观察自己的孩子，还要留心孩子周围的其他孩子。你可以说我接纳度不够或者小题大做，但我觉得每一个孩子的成长只有一次，有些事情沉默的成本和视而不见的成本太高了，我们可以更谨慎一些。

你的孩子健谈吗?

你的孩子其实并不是"社恐",而是不知道
在面对生人的时候应该怎么做。

小时候每逢佳节，我总是跟随在大人的身后，一家家地拜访。敲门之前，妈妈总是会突然在我耳边低声叮嘱："等一下，你要叫人。"许多父母深信，这是教孩子社交的第一步。他们认为孩子大方地打招呼，这是基本的礼貌和家教。但其实我总会在打完招呼后，感到窘迫，不知所措地站在一边，氛围变得有些尴尬。

心理学上，有一种说法是人和人见面的头3分钟是非常重要的。这3分钟给彼此留下的印象可以保留10年，甚至更久，而且不会轻易改变。因此，仅仅教孩子见面打招呼是不够的，我们需要教得更全面、更正确。在见面的头3分钟里，有几点是必须要做好的。

第一点，要整理好自己的仪容仪表，确保干净、整洁、得体。这是给人留下良好的第一印象的基础。

第二点，打招呼之前要先了解对方的名字和基本信息，包括对方是谁、他们的长处和忌讳。这样可以帮助我们更好地与对方交流，避免触及敏感话题。

第三点，找到对方感兴趣的内容进行交谈。如果找不到共同话题，可以先从自己感兴趣的内容谈起，用开放式的问题提问，引导对话深入进行。很多人认为不冷场很难，但其实并不难。孩子是否擅长运用这些说话的小技巧，关键在于我们平时与孩子的互动模式。例如，如果孩子赞美我的睫毛漂亮，我只会简单地说声谢谢。但如果孩子问我如何涂抹睫毛，我就能讲5分钟，以分享我的技巧和经验。

第四点，只要孩子能做到多听、少说、不打断别人，就能帮他赢得人心。因为无论年龄大小，人们都喜欢展示自己，并希望得到他人的尊重和认可。

第五点，交流时一定要面带微笑，并频频表示认同。微笑是拉近人与人距离的桥梁，而认同则能让对方感受到我们的理解和接纳。

希望我们的孩子不仅能够热情地喊出"叔叔阿姨好"，更能在与人交往的头3分钟里，展现出自己的魅力和修养。

新手妈妈如何排解育儿中的压力

深呼吸能刺激我们的交感神经系统，有助于降低心率和血压，从而使人感到更加平静和放松。但是当我们处于极端压力下时，可能无法自主进行深呼吸，这时我们不妨借助瑜伽的呼吸方法。

相信每个妈妈都会有被孩子气得晕头转向的时刻，我有一套特别的放松方法，特别适合那些常感到胸口发闷、发堵，仿佛压着一块大石，并会忍不住叹气的人。这个方法被称为"五指呼吸法"，对于喜欢冥想的朋友们来说，可能会比较熟悉。

首先，我们伸出一只手，展开五指。接着，用另一只手的食指来引导。向上描画五指时，我们吸气；向下描画五指时，我们呼气。像过山车一样，随着指尖到指跟之间的起落，我们进行深呼吸。这个节奏可以自己掌控，关键是让自己感到舒适。这样我们就完成了第一遍练习。

如果条件允许，我建议大家再进行第二遍的练习。在第二遍练习中，我们需要闭上眼睛，伸出双掌，掌心向上，尽量让一束阳光落在你的手掌上。这是最理想的状态。

当我们闭上眼睛后，我们可以让我们的思绪沿着指尖到指跟再到指尖的方向滑动，并在滑动中重复一遍呼吸过程。在我们完成这次练习后，先不要急于睁开眼睛。接下来，我们搓热掌心，按压眼部，让眼球感受到手掌的温度。然后，用食指轻轻地往后梳理你的头发，次数可以根据自己的舒适度来决定。

最后，深深地呼一口气，对自己说："我很好，我的生活依旧有光。"通过这样的练习，希望能够帮助大家缓解胸口的压抑感，找回内心的平静与光明。

支持你的孩子，而非改造你的孩子

我们都听过"强扭的瓜不甜"这句话，其实这句话背后有一个心理学知识，即人类有一种内在的需求——自主需求，希望自己的行为是出于自己的意愿和选择，而不是被外部力量所控制。尊重孩子的选择有助于满足他们的自主需求，你先尊重孩子，孩子反过来也会尊重你。

在我的女儿5岁那年，我们全家一起去新西兰游玩。返程之际，我想选购一些具有新西兰特色的纪念品，最后我的目光落在了一套几维鸟的T恤上。这套T恤设计得十分巧妙，分别有爸爸、妈妈和宝宝款，看起来真是温馨的一家。

但是我的女儿却没看上这个，她已经全然被迪士尼的艾莎公主俘获。面对孩子的坚持，店员好心地建议："你和爸爸可以穿几维鸟，让孩子穿她喜欢的艾莎。"但我却摇了摇头，我说："啊，那样子就不是家庭装了，你给我5分钟，我可以说服她的！"

正当我准备尝试说服女儿时，店员的一席话让我如梦初醒："这是你的孩子吗？你不应该强迫孩子选择你喜欢的，而应该允许孩子选择她喜欢的。这才是父母应该做的。"

那一刻，我突然意识到，作为父母，我的责任不是塑造孩子成为我们想要的样子，而是支持他们成为自己想要的样子。

多年过去了，每当夏天我穿上那件几维鸟的T恤，我都会想起那个店员的话。那句话成了我育儿路上的座右铭，时刻提醒我要尊重孩子的选择，给予他们真正的支持。

父母要学会的7次停止

学会放手，是父母一生的课题。

当孩子3岁时，父母应该停止喂饭，让孩子学会自己吃饭。这是培养孩子独立生活能力的第一步。

当孩子5岁时，父母要停止整夜陪睡。这不仅是为了让孩子学会独自入睡，更重要的是减少孩子对父母的依赖感，有助于培养孩子的自主性。

当孩子6岁时，父母要停止帮孩子洗澡。这不仅是为了让孩子尽快学会自己洗澡，更重要的是培养孩子的隐私意识，让他们尊重自己的身体。

当孩子8岁时，父母要停止不经允许就闯进孩子的私人空间。允许孩子在家中标注"禁止入内、禁止翻阅"等字样，这有助于孩子建立边界感，为日后的独处和尊重他人隐私打下基础。

当孩子13岁时，父母要停止帮孩子整理内务。只有行为独立，孩子才能谈得上思想独立。自信是建立在相信自己能照顾好自己的基础上的。一个连自己都照顾不好的人，又怎么能去照顾别人呢？

当孩子18岁时，父母要停止帮孩子做决定。人更倾向于为自己的选择而努力，为自己的决定负责。让孩子按照自己的想法去过他们想要的人生，这是培养他们责任感和决策能力的关键。

当孩子结婚后，父母要停止介入孩子的婚后生活。此时，孩子已经真正长大并创建了自己的家庭。这个新家庭应该有自己的运行模式，并且这个模式不需要父母的认可和赞同。这是对孩子独立性的最终考验，也是对他们幸福生活的最好祝福。

你的关心塑造了孩子的风格

做父母的要学会相信自己的孩子。

在日常生活中，老公经常惹我生气，有时候我也知道他是好心，但就是心里别扭。比如，当我在厨房忙碌着煮饭切菜时，他每次路过都会忍不住叮嘱一句："你别切到手啊。"这样的话让我感到有些恼火，我总会反问他："你为什么总怕我切到手啊？"他说："当然是因为爱你啊。"

后来我突然明白了这是怎么回事儿。有一次我坐在两位妈妈旁边观看孩子们的比赛。比赛结束后，孩子们纷纷向这边跑来。其中一位妈妈立刻站起来迎了过去，紧张地说："宝贝，妈妈刚才都要吓死了，就怕你掉下来摔着。"她的孩子显得有些不耐烦，接过水壶后一把甩开了妈妈的手："你不用担心我，我力气很大的。"

而另一位妈妈则表现得截然不同。当孩子跑到她跟前时，她赶紧递上水壶给孩子擦汗。孩子抬起头看着她问："妈妈你不担心我吗？"这位妈妈微笑着回答："还行，不太担心你，因为我知道你力气很大，不会掉下来的。就算掉下来，你也是非常勇敢的，不会害怕。"孩子听后笑呵呵地把水壶接了过去。

如果你是孩子的话，你喜欢哪位妈妈的表达呢？你是一位担心孩子做不到的妈妈，还是一位相信孩子没问题的妈妈？

父母有责任帮孩子发现他的天赋

> 每个孩子都有自己的过人之处，与其一味关
> 注孩子的短板，不如帮孩子发现自己的天赋。

音乐天赋

有的孩子从小就喜欢听各种乐器，对声音非常敏感，不关心歌词却能辨识不同的乐器声音。他们还会对周围的声音发表评论，清唱时音准也很好。如果你的孩子满足这些特点，那么他可能具备音乐天分，值得在这方面进行培养。

语言天分

具备语言天分的孩子通常非常擅长背诵有韵律的诗词。他们擅长讲故事，能够吸引周围的小朋友听他们讲述读过的绘本、经历过的事情以及自己编的故事。此外，他们还喜欢纠正别人的用词，对词汇非常敏感。如果你的孩子有这些表现，那么他可能具备语言天分。

空间感天分

具备空间感天分的孩子通常不容易迷路，擅长记忆地标物，喜欢画有空间感的东西。如果你的孩子在这些方面有出色的表现，那么他可能在建筑、设计等领域有一定的潜力。

领导天分

具备领导天分的孩子通常擅长观察周围人的情绪并给出适当的反应，喜欢编剧和角色扮演，擅长观察并总结归纳周围的人或事物。如果你的孩子有这些特点，那么他可能具备领导天分。

数学天分

具备数学天分的孩子通常对一些自然现象有独特的思考方式，喜欢问一些我们不会去想的问题，并且擅长把杂乱无章的东西按照一定的规律整理好。如果你的孩子在这些方面有出色的表现，那么他可能具备数学天分。

运动天分

这是孩子在体育运动方面有潜力的一种表现。具备运动天分的孩子通常学得很快，擅长模仿别人的动作和表情，走路跑步的姿势都非常协调。如果你的孩子在这些方面有出色的表现，那么他可能具备运动天分，可以在体育活动中多给他提供机会和挑战，帮助他发挥这种天赋。

创作天分

具备创作天分的孩子通常喜欢用情感类的词汇表达自己的想

法和情感，喜欢沉浸在自己创造的虚拟世界里，并且擅长总结评论。如果你的孩子在这些方面有出色的表现，那么他可能具备创作天分，可以在写作方面给予他更多的关注和支持。

如何通过假期计划帮你的孩子发现自我

成绩、计划都是手段，让孩子考更高的分数、让孩子有个充实紧凑的假期，从来不是我们的最终目的。关键是如何让孩子通过假期培养自己的自主性，从而真正掌控自己的人生。

什么东西家长听到就觉得头疼，而孩子则会非常期待？没错，就是假期。现在很多家长看待假期的观点是错的，尤其容易犯以下两个方面的错误：一个是制订计划，一个是错误的奖惩模式。

先说制订计划。制订计划尤其是把日程严丝合缝地用表格的方式来呈现，其实锻炼的是制表人规划时间的能力，锻炼的是孩子的执行能力。如果想要计划真的起作用，必须是孩子本人主动思考的结果，这样孩子才能学会对自己的计划和承诺负责。

其次是错误的奖惩模式。很多家长都习惯通过奖励引导孩子做自己想让孩子做的事，但这一点恰恰是我不认同的。很多事情其实都是孩子的责任和义务，比如做家务，比如完成自己的学习任务。完成自己责任和义务范围内的事是不需要奖励的。同时，在奖励孩子的时候，也非常忌讳用我们想禁止孩子做的事情作为奖励，比如看电视、打游戏等。一个孩子考试得了100分，到底是为了什么？是为了检验自己的学习成果，在考试过程中得到成就感，还是为了考试成功后去国外玩或者大肆购物？如果用这些事奖励孩子，就会模糊孩子的行为目的，让孩子对自己"为什么要这么做"产生误解。

很多家长都想通过长假帮孩子提升学习成绩，但是成绩只是一方面，更重要的是孩子能够通过计划自己的长假成为一个独立自主的人。这能帮助孩子成为一个不依赖外部评价实现自我的人。

我的后半生

> 很少有人的一生是一成不变的，关键在于你
> 是否有选择和改变的勇气。

人到中年，总会发现哪有什么，一成不变，生活中最稳定的反而是变化本身。没有水到渠成的天长地久，我相信所有的白头到老都是权衡利弊的选择。眼看着老公的事业如日中天，早不是那个陪我熬夜、追剧、吃小龙虾的男孩了，而我依旧站在原地，每天还在纠结吃什么、穿什么、玩什么。《我的前半生》这部电视剧的确让我思考：我的后半生该如何度过？如何找到白头到老的筹码？

这个时候，我读到了一句话，是荣格说的。

人的后半生应该先去找寻当学生时就弄丢的内在小孩。找到它你就有机会连接最初的潜能，重新活成另外一个人。（The proper development of the last half of life is to discover the child you left behind when you are a apprentice. So you can regain your potential and get to be something else. ——By Carl Jung）

我当时把这句话写在了一张纸上，拍了个照，作为手机屏保。

一个月后，我在美国注册了公司，天天跑各种当地的教育资源，忙得不亦乐乎。隔年夏天，我的夏令营开始招生了。没想到当时只有10万粉丝的我，竟然通过网络招到了学生。

那个夏天，几个很久没见的朋友，偶遇我载着一车孩子，她们隔着老远注视着我，像不认识我一样。那一刻我没有任何失落，反而很开心。我后半生的目标，就是要活得和前半生不一样。

素未谋面的粉丝们的信任给了我莫大的勇气和感动，很多深夜我不睡觉，躺在床上瞪着眼睛激动地给自己画饼，想象着我的大业蓝图，没想到却遭遇了变故。

老公以为我会很受打击。他不知道荣格的话已经让我变成了打不死的"小强"，我的野心和梦想比他的腿毛还旺盛。我每天忙创作，忙自媒体，忙读书写作顺带着忙赚钱。我甚至比我忙碌的老公还要忙，而且忙得津津有味。等到我定下神来发现，不会做饭的老公不知什么时候开始能负责一日三餐了，叽叽歪歪的"熊孩子"也变得知书达理、亭亭玉立。

我相信世间万物都有能量。我们讲的话，忽然吹来的一阵风，我们集中精力想事情的时候，微笑、眼泪都在传递着能量。

我跟老公结婚18年了，到现在都有一个习惯：当我们有一个想实现的愿望的时候，我们就会十指相扣去散步，散步的时候只聊这件事，怎么实现它，想象愿望实现时的每个开心的细节。

很多次奇迹就这样发生了。我们的小心愿都变成了现实。

如果说他们父女两人的正向改变有我的原因，我想我就是那个能量场。我追求改变，他们的能量场也跟着追求改变。我热爱生活，他们也跟着热爱生活。我追求比昨天更好，他们也是如此。

我的后半生没有大理想，只要和前半生不一样就行。

后　记

我一直计划写一本书，但是这本书的出版却比我预想得晚了两年。突然病倒的母亲，让我迟迟走不出抑郁的状态。其间我基本停止更新抖音内容，暂停了所有工作。

母亲对我而言很重要，和大部分人一样，我一边努力活成她的样子，一边又努力摆脱她的影子。我认为我的母亲在教育子女上是成功的。我有一个姐姐，我们感情很深，不是闺蜜胜似闺蜜。学业上我们一个博士一个硕士。我虽然是学教育出身，也曾经是个老师，但每当我反思我的教育观点时，尤其在视频的创作录制过程中，我发现我大部分的想法都源于儿时母亲给过我的教育。

上一次回国看望她时，她已经记不得妮妮的长相。我问她："妈，你说妮妮晚上偷偷玩手机不睡觉怎么办呢？"她放下筷子，费力地一字一句说："孩子大了，千万不能打，不能骂。你要耐心，讲道理。"我的故事里很少会提到我的母亲，因为她的确没在我的日常生活里。她认为儿女结婚后，老人不要离孩子太近。外孙女读小学后，老人就不要再插手隔代教育。

这本书里记录了女儿成长过程中带给我启发的一些小事，还有我个人在婚姻里的成长。

我想把这本书献给我的母亲，是她让我看到了女性的力量和智慧，让我此生不论漂泊在哪里，心里都有一股坚定的向上之力。

希望这股力量能传递给我的女儿妮妮，也能传递给所有从我的人生中路过的朋友。